Schriftenreihe des Freiburger Instituts für angewandte Sozialwissenschaft e.V. (FIFAS)

Vorstand: Dr. Baldo Blinkert
Prof. Dr. Heinrich Popitz
Johannes Stock

Band 5

Aktionsräume von Kindern auf dem Land

Eine Untersuchung im Auftrag des Ministeriums für Umwelt und Forsten Rheinland-Pfalz

Baldo Blinkert

unter Mitarbeit von
Christian Achnitz/Katja Schwab
Jürgen Spiegel/Lothar Zischke

Centaurus Verlag & Media UG 1997

Die Deutsche Bibliothek – CIP-Einheitsaufnahme

Blinkert, Baldo:
Aktionsräume von Kindern auf dem Land : eine Untersuchung im Auftrag des Ministeriums für Umwelt und Forsten Rheinland-Pfalz / Baldo Blinkert. Unter Mitarb. von Christian Achnitz .... – Pfaffenweiler : Centaurus-Verl.-Ges., 1997
(Schriftenreihe des Freiburger Instituts für Angewandte Sozialwissenschaft e.V. (FIFAS) ; 5)
ISBN 978-3-8255-0195-2 ISBN 978-3-86226-280-9 (eBook)
DOI 10.1007/978-3-86226-280-9

ISSN 0930-9470

Satz: Jürgen Spiegel

Vorwort

Der ländliche Raum - ein verlorenes Paradies für Kinder?

Noch nie hatten Kinder so viele Möglichkeiten zum Spielen wie heute. Doch was ihnen zum "wirklichen" Spielen fehlt, ist häufig nicht nur die frei verfügbare Zeit, sondern auch der Raum und zwar der richtige Spielraum. Ein Raum, in dem sie nicht nur Fertiges konsumieren, sondern ein Raum, in dem sie etwas erleben und selbst gestalten können.
Es fehlt an "naturnahen Räumen in Wohnungsnähe", sagen die Experten und verweisen darauf, daß kindgerechte Freiräume die Grundlage für eine gesunde körperliche und geistige Entwicklung sind.
Fehlen die Freiräume oder Aktionsräume, dann stellen sich Fehlentwicklungen ein, die heute schon viele gesellschaftliche Einrichtungen wie Kindergärten und Schulen deutlich spüren. Grund dafür sind nicht nur familiäre und gesellschaftliche Veränderungen, sondern auch ein bisher stark unterschätztes Verschwinden von anregungsreichen Spiel- und Bewegungsräumen im Wohnumfeld.

Seit 1995 fördert das Umweltministerium verschiedene Modellvorhaben in Rheinland-Pfalz zum Thema "kinderfreundliche Umwelt". Zur Unterstützung und Bestätigung dieser Initiativen wurde die vorliegende Studie des Freiburger Institutes für angewandte Sozialwissenschaft (FIFAS) in Auftrag gegeben. Diese Studie zu "Aktionsräumen von Kindern auf dem Land" wurde in den Gemeinden Langenlonsheim und Bretzenheim im Raum Bad Kreuznach durchgeführt und mit einer FIFAS-Studie für die Großstadt Freiburg verglichen.

Bemerkenswertes Ergebnis der Studie ist, daß auch Kinder auf dem Land in ihren Aktionsmöglichkeiten stark eingeschränkt sind. Die Verhältnisse in den beiden ländlichen Gemeinden sind denen der Großstadt Freiburg durchaus vergleichbar. Trotz ländlicher Verhältnisse sind bei einem Viertel der befragten Familien die Aktionsmöglichkeiten für Kinder schlecht bis sehr schlecht.

Fazit der Studie: Auch für ländliche Gemeinden ist es sinnvoll, die noch vorhandenen Ressourcen in Form von naturnahen Flächen Kindern als Aktionsräume zur Verfügung zu stellen und dauerhaft zu sichern.

Für das Zustandekommen dieser - weit über Rheinland-Pfalz hinaus bedeutsamen - Studie möchte ich Herrn Dr. Blinkert und Mitarbeitern und den Verantwortlichen in der Kreisverwaltung, in der Verbandsgemeinde Langenlonsheim und in den Ortsgemeinden Bretzenheim und Langenlonsheim, die mit großem Engagement mitgewirkt haben, meinen herzlichen Dank aussprechen. Mein ganz besonderer Dank gebührt aber den Kindern von Langenlonsheim und Bretzenheim und ihren Eltern. Sie alle haben dazu beigetragen, daß wir umfangreiche Erkenntnisse über die Aktionsräume von Kindern und die besondere Bedeutung von kindgerechten naturnahen Spielräumen gewinnen konnten.
Ich bin im Interesse aller Kinder davon überzeugt, daß die vielen Anregungen und überzeugenden Argumente dieser Veröffentlichung zur Schaffung und Sicherung anregungsreicher naturnaher Spiel- und Bewegungsräume beitragen werden.

Klaudia Martini

Klaudia Martini
Staatsministerin für Umwelt und Forsten Rheinland - Pfalz

Inhaltsverzeichnis

Einleitung

Die vorliegende Untersuchung über die Aktionsräume von Kindern im ländlichen Raum wurde vom Ministerium für Umwelt und Forsten des Bundeslandes Rheinland-Pfalz in Auftrag gegeben. Eine ähnliche Untersuchung wurde von uns bereits für eine Großstadt (Freiburg) durchgeführt.[1] Diese Studie hat umfangreiche Erkenntnisse über die Bedeutung von außerhäuslichen und freien Spielräumen für die Lebensqualität und für die Entwicklungschancen von Kindern erbracht. Sie hat insbesondere gezeigt, daß außerhäusliche Aktionsräume einen sehr wichtigen Einfluß auf den Kinderalltag haben. Damit konnte demonstriert werden, daß mit den politischen Mitteln von Kommunen, unterstützt durch Land und Bund, die Situation von Kindern nachhaltig verbessert werden kann. Die aus der Studie ableitbaren Empfehlungen brechen mit der Tradition der bisher betriebenen Kinderpolitik (Ausbau von Therapien, Einrichtungen und betreuenden Organisationen) und betonen die große Bedeutung einer kinderfreundlichen Stadtplanung und Verkehrspolitik.
Aus sachlichen Gründen, aber auch um Kosten und Zeit zu sparen, haben wir vorgeschlagen, einen Teil der Freiburger Kinderstudie in zwei ländlichen Gemeinden von Rheinland-Pfalz zu replizieren. Eine vollständige Replikation wäre gewiß interessant gewesen, ließ sich aber innerhalb des anvisierten Zeitrahmens nicht realisieren.

Eine derartige Untersuchung ist nur möglich, wenn sie öffentliche Unterstützung findet. Diese Hilfe erhielten wir durch den Landrat des Kreises Bad Kreuznach, Herrn Karl-Otto Velten, und durch den Bürgermeister der Verbandsgemeinde Langenlonsheim, Herrn Albert Schall. Ihnen möchten wir an dieser Stelle nochmals unseren Dank aussprechen. Von der Verbandsgemeinde erhielten wir alle Unterstützungen, die wir zur Vorbereitung und Durchführung dieser Untersuchung dringend benötigten. Zu besonderem Dank verpflichtet sind wir auch Herrn Dipl.-Ing. Hermann Fischer, Leitender Ministerialrat, und Herrn Martin Kröll, Oberbaurat vom Ministerium für Umwelt und Forsten, die sich dafür eingesetzt haben, daß diese Untersuchung durchgeführt werden konnte. Wesentlichen Anteil am Zustandekommen dieser Studie hat Frau Henriette Degünther. Frau Degünther hat nicht nur uns, sondern auch politisch Verantwortliche in Rheinland-Pfalz mit viel Kreativität und Energie davon überzeugen können, wie wichtig naturnahe Spielorte für die Lebensqualität und die Entwicklungschancen von Kindern sind. Die Untersuchung wurde von unserem Institut durchgeführt, aber ohne die Mitarbeit von Außenstehenden, wäre es nicht möglich gewesen, sie zu einem erfolgreichen Abschluß zu bringen. Besondere Erwähnung verdienen Herr Christian Achnitz und Herr Lothar Zischke, die sich von Kindern aus Langenlonsheim und Bretzenheim zeigen ließen, wo man in diesen Orten als Fünf- bis Zwölfjahriger spielen kann und wo man das besser nicht tut. Die bei diesen "Begehungen"

[1] Baldo Blinkert: Aktionsräume von Kindern in der Stadt, Pfaffenweiler 1993 (Centaurus)

gesammelten Erfahrungen sind als Reportagen im Anhang zum Forschungsbericht dokumentiert und zeigen sehr anschaulich, ob und wie sich das Umfeld von Wohnungen zum Spielen eignet. An den Forschungsarbeiten haben besonders intensiv die FIFAS-Mitarbeiter Frau Katja Schwab und Herr Jürgen Spiegel mitgearbeitet. Ohne ihr Engagement in allen Phasen dieses Projektes wäre es nicht möglich gewesen, die Untersuchung zu einem erfolgreichen Abschluß zu bringen. Einen ganz besonderen Dank aber schulden wir den Hauptakteuren dieser Studie: den Kindern von Langenlonsheim und Bretzenheim und ihren Eltern. Die Eltern haben geduldig und ausführlich unseren Fragebogen ausgefüllt. Die für die Begehung ausgewählten Kinder haben mit Begeisterung mitgemacht.

Das Hauptziel dieser Untersuchung ist nicht die Vermehrung des akademischen Wissens über Kinder. Diese Studie soll dabei helfen, die Situation von Kindern in einem ganz konkreten Sinne zu verbessern und da, wo die Situation bereits zufriedenstellend ist, soll sie dazu beitragen, daß es so bleibt. Wir Erwachsene vergessen sehr oft, wie wir unsere Kindheit verlebt haben und wie wichtig es für uns war, daß wir uns mit Gleichaltrigen frei und ungehindert draußen aufhalten und spielen konnten. Diese Untersuchung will das wieder in Erinnerung rufen und sie will zeigen, daß Kinderpolitik nicht nur darin bestehen kann, sich immer neue Einrichtungen und Therapien für Kinder auszudenken. Ein wesentliches Ergebnis dieser Studie besteht darin, daß gezeigt wird, wie sich die Situation von Kindern nachhaltig durch politische, sogar durch kommunalpolitische Mittel verbessern läßt - durch eine kinderfreundliche Politik der Ortsentwicklung, durch die Sicherung von Freiräumen, durch eine Verkehrspolitik, die auf die Möglichkeiten und Interessen von Kindern Rücksicht nimmt. Eine besondere Chance für ländliche Gemeinden sehen wir in der Bereitstellung und Konservierung von naturnahen Spielflächen. Nach unserer Einschätzung ist das nicht nur sehr viel kostengünstiger als das Angebot von aufwendig möblierten Spielplätzen, sondern es entspricht auch viel mehr den Wünschen von Kindern und vieles deutet auch darauf hin, daß durch naturnahe Spielflächen die Entwicklung von Kindern sehr viel besser gefördert werden kann als durch die herkömmlichen Spielplätze.

Februar 1997
Baldo Blinkert

I. Fragestellung und Methoden

"Inszenierte Kindheit?"

Der amerikanische Sozialwissenschaftler Neil Postman hat die provozierende These von einem "Ende der Kindheit" formuliert.[2] Diese These ist vermutlich falsch. Es spricht sehr viel mehr für die Vermutung, daß Kindheit als soziale und ökonomisch verwertbare Institution erst so richtig in Schwung kommt und immer mehr die Form einer "inszenierten Kindheit" annimmt.[3] Immer mehr Kinder verlieren die Möglichkeit zum spontanen und unbeaufsichtigten Spielen mit Gleichaltrigen im Umfeld ihrer Wohnung. An die Stelle von unmittelbaren und authentischen Erfahrungen treten immer mehr Erfahrungen aus zweiter Hand und Erfahrungen mit Simulationen. Kinder leben immer mehr in Reservaten, in Welten, die für sie inszeniert und simuliert werden: auf Spielplätzen, in Organisationen, in den künstlichen Welten der Medien. Immer mehr Kinder wachsen in einer Umwelt auf, die entweder gefährlich ist oder in der man nichts erleben kann. "Wirklichkeitsverlust" und "Erlebnismangel" werden für immer mehr Kinder zu zentralen Merkmalen ihrer Lebenswelt. Um das zu kompensieren, wird ein ungeheurer Inszenierungsaufwand betrieben: Ein riesiger Markt für Kinder, Superspielparties, Spieltherapien, Erlebnispädagogik, Abenteuerspielplätze und betreute Spielgruppen. Das meiste davon ist gut gemeint und in einer kindgerechten Weise gestaltet, aber wir müssen uns ernsthaft fragen, ob wir wirklich wollen, daß Kindheit zu einer Aneinanderreihung von Kindergeburtstagen wird.

Vor dem Hintergrund dieser Überlegungen konnten wir in Freiburg im Auftrag der Stadtverwaltung eine aufwendige Untersuchung über die Situation von Kindern durchführen.[4]

In der Studie ging es vor allem um die Frage, wie Kinder das Umfeld ihrer Wohnung zum Aufenthalt und zum Spielen nutzen können und was für Konsequenzen es für die Lebensqualität und für die Entwicklungschancen von Kindern hat, wenn das Wohnumfeld dafür nicht mehr geeignet ist.

---

[2] N. Postman: Das Verschwinden von Kindheit, Frankfurt 1987

[3] Beck-Gernsheim, E.: Die Inszenierung der Kindheit, in: Psychologie heute, Dez. 1987

[4] Im Rahmen dieser Untersuchung wurden Informationen über die Spielmöglichkeiten von über 4.000 Kindern erhoben. Für 430 Kinder wurden Tagebuchaufzeichnungen über drei aufeinanderfolgende Werktage ausgewertet. Das Umfeld der Wohnung dieser Kinder wurde mit Beobachtungsmethoden inventarisiert. Mit den Eltern wurde ein ausführliches Interview durchgeführt. Die Sichtweise der Kinder wurde durch Begehungen in 12 Wohnquartieren mit den dort wohnenden Kindern erfaßt. Auf 58 öffentlichen Spielplätzen (50% der Spielplatzfläche) wurden qualitative und quantitative Beobachtungen durchgeführt.

Auftrag dieser Untersuchung und Methoden

Die Ergebnisse der Freiburger Kinderstudie wurden bei mehreren Gelegenheiten in Rheinland-Pfalz dargestellt und diskutiert[5] und es wurde der Wunsch geäußert, eine Untersuchung mit ähnlicher Fragestellung und mit vergleichbaren Methoden auch für Rheinland-Pfalz durchzuführen. Ein entsprechender Auftrag wurde von dem Ministerium für Umwelt und Forsten erteilt und in Absprache mit dem Auftraggeber wurde die folgende Konzeption entwickelt:

(1) Es bestand ein besonderes Interesse daran, die *Situation von Kindern im ländlichen Raum* zu erforschen. Die Freiburger Ergebnisse über die Situation von Kindern sind sicher auf andere Städte übertragbar. Es fehlen aber Untersuchungen, die Aufschluß über das Wohnumfeld von Kindern in kleineren Gemeinden geben könnten. Sind Dörfer und kleinere Städte kinderfreundlicher? Oder haben Kinder es hier mit ganz ähnlichen Problemen wie in der Stadt zu tun?[6]

(2) Um diese Fragen zu beantworten, sollte die Untersuchung so angelegt werden, daß direkte Vergleiche mit den Ergebnissen der Freiburger Kinderstudie möglich sind. Die für Rheinland-Pfalz durchgeführten Forschungen sind deshalb in wesentlichen Punkten eine *Replikation der Freiburger Untersuchung*. Mit nahezu identischen Methoden wurden die folgenden Erhebungen und Auswertungen durchgeführt:

- **Schriftlicher Elternfragebogen** wie in der Freiburger Kinderstudie (vgl. Anlage 1) - mit geringen Modifikationen, die zur Berücksichtigung lokaler Verhältnisse vorgenommen wurden. Der Elternfragebogen erfaßt neben einigen Grunddaten zur häuslichen Situation vor allem, wie aus der Sicht der Eltern die Aktionsraumqualität im Wohnumfeld zu beurteilen ist. Wir konnten feststellen, daß diese Einschätzungen in sehr hohem Maße mit den objektiven Merkmalen des Wohnumfeldes und mit Verhaltensmerkmalen der Kinder korrelieren und deshalb eine hohe Gültigkeit besitzen.
- Durchführung eines **Wohnumfeld-Inventars** - das ist ein von Beobachtern erstelltes Protokoll zur Erfassung von wichtigen Merkmalen im Umfeld von Wohnungen: Verkehr, Temporegelung, Freiflächen, Spielplätze u.a. (Vgl. Anlage 2). Das in Freiburg verwendete Inventar konnte in leicht modifizierter Form auch in den ländlichen Gemeinden eingesetzt werden.
- Anwendung des **"Freiburger Soziotopen Tests" (FST)**. In diesem Test werden objektive Umfeldmerkmale im Hinblick auf ihre Bedeutung für ein kinderfreundliches Wohnumfeld bewertet. Die Bewertungskriterien sind die Einstufungen der Eltern und Verhaltens-

[5] Die Ergebnisse der Freiburger Studie fanden auch Eingang in den Bericht der Enquete-Kommission "Situation der Kinder in Rheinland-Pfalz - Rechte der Kinder in einer sich wandelnden Welt", Berichterstatterin Anne Spurzem, Drucksache 12/7930, Januar 1996

[6] Zur Situation von Kindern auf dem Land vgl. Andreas Lange: Kindsein heute: Theoretische Konzepte und Befunde der sozialwissenschaftlichen Kindheitsforschung sowie eine Explorativuntersuchung zum Kinderalltag in einer bodenseenahen Gemeinde, Konstanz 1996

merkmale der Kinder. Eine zusammenfassende Kennziffer ermöglicht die Klassifizierung von Wohnumfeldern nach dem Grad ihrer Kinderfreundlichkeit. (Vgl. Anlage 3) Der FST wurde durch Merkmale ergänzt, die sich für ländliche Gemeinden als besonders wichtig erwiesen.

- **Begehung** der Gemeinden (bzw. Wohnquartiere in Gemeinden) durch Mitarbeiter von FIFAS zusammen mit den dort wohnenden Kindern. Auf diese Weise soll die Sichtweise der Kinder in die Untersuchung Eingang finden.

(3) Die Freiburger Kinderstudie bezieht sich auf die Situation von Kindern im Alter von 5 bis 9 Jahren. Die Fragestellung dieser Untersuchung hat gerade für diese Altersgruppe eine ganz zentrale Bedeutung. Diese Kinder befinden sich in einer Entwicklungsphase, in der unkontrollierte Freiräume mit Möglichkeiten zum Entdecken, Ausprobieren und Verändern besonders wichtig sind. Die engen Bindungen an die Eltern werden allmählich gelockert. Die Nähe zur Wohnung, zu den Eltern, spielt aber noch immer eine große Rolle. Kinder in diesem Alter sind in besonderem Maße auf gute Spielmöglichkeiten im unmittelbaren Umfeld der Wohnung angewiesen. In der Untersuchung für Rheinland-Pfalz haben wir den Altersbereich etwas erweitert, von 5 bis 9 Jahre auf 5 bis 12 Jahre. Für Vergleiche zwischen Großstadt und Land werden aus der Rheinland-Pfalz-Studie nur die entsprechenden Altersgruppen, also die 5- bis 9jährigen, berücksichtigt.

(4) Ein besonderes Interesse galt der Frage, welche Bedeutung *"naturnahe Spielorte"* für Kinder im ländlichen Raum besitzen. Im Hinblick auf dieses Thema ist zu erwarten, daß die Situation von Kindern in ländlichen Gebieten sich besonders deutlich von den Möglichkeiten unterscheidet, die Kinder in einer Großstadt antreffen. Die Erhaltung und Einrichtung von "naturnahen Spielorten" ist schließlich auch ein wichtiger Punkt in dem Programm der Landesregierung zur Verbesserung der Situation von Kindern in Rheinland-Pfalz. Die Ausrichtung auf diesen Schwerpunkt sollte dazu beitragen, Erkenntnisse darüber zu gewinnen, in welchem Umfang in ländlichen Gemeinden naturnahe Spielorte vorhanden sind, von den Kindern genutzt werden und wie diese Nutzung aussieht.

Auswahl von Untersuchungsorten und Stichprobe

Die Untersuchung wurde in den beiden Landgemeinden Bretzenheim und Langenlonsheim durchgeführt. Diese Gemeinden wurden aus den folgenden Gründen ausgewählt: In den Gemeinden sollten mindestens 200 Kinder im Alter von 5 bis 12 Jahren leben, damit eine für statistische Auswertungen ausreichende Fallzahl gewährleistet ist. Die Gemeinden sollten auch einigermaßen gut erreichbar sein, damit sich der logistische Aufwand für diese Untersuchung in akzeptablen Grenzen hält. Die Zahl der zu untersuchenden Gemeinden wurde auf zwei begrenzt, da die zur Verfügung stehenden Mittel eine umfangreichere Auswahl nicht zuließen. Nachdem die Gemeinden von Rheinland-Pfalz nach ihrer Größe und der nötigen Mindestzahl von Kindern gesichtet wurden, kamen die Landkreise Ludwigshafen und Bad Kreuznach in die engere Wahl, da in den anderen Kreisen die Gemeinden zu klein waren oder atypische Verhältnisse vorlagen. Nach einer abschließenden Begehung fiel die Wahl auf zwei benachbarte Gemeinden des Kreises Bad Kreuznach: Langenlonsheim hatte am 31.12.1995 eine Einwohnerzahl von 3545 Personen. Davon waren 310 Kinder im Alter von 5 bis 12 Jahren. Das Dorfzentrum ist stark verdichtet, hat viele enge und verwinkelte Straßen und wird von einer Bahnlinie mit angrenzendem Industriegebiet abgeriegelt. Durch den Ort führt eine sehr stark befahrene Bundesstraße, die B 48. Der Ort liegt inmitten von intensiv bewirtschafteten Weinbergen. Bretzenheim hatte 1995 eine Einwohnerzahl von 2241 Personen, davon 175 Kinder im Alter von 5 bis 12 Jahren. Der Ort verfügt über einen zwar verdichteten aber sehr gepflegten und verkehrsberuhigten Ortskern. Bei unserer Begehung fiel uns das geringe Verkehrsaufkommen auf und die geringe Zahl von parkenden Fahrzeugen. Der Zugang zum Naheufer mit natürlichem Bewuchs und viel losem Spielmaterial, sowie ein am Ortsrand verlaufender Bach, ließen erwarten, daß sehr viele der hier wohnenden Kinder über gute Spielmöglichkeiten verfügen.

In den beiden Gemeinden Langenlonsheim und Bretzenheim wurde eine Vollerhebung der Kinder im Alter von 5 bis 12 Jahren durch die Elternbefragung angestrebt. Zu diesem Zweck wurden alle 357 Eltern der insgesamt 485 in Frage kommenden Kinder angeschrieben und um Teilnahme gebeten. Ausgefüllt und zurückgesandt haben den Fragebogen letztlich 177 Eltern mit 237 Kindern. Das entspricht einer Rücklaufquote von rund 50 Prozent. Ein Vergleich mit der amtlichen Statistik zeigt, daß unsere Auswahl die Kinder aus Bretzenheim und Langenlonsheim recht gut repräsentieren kann. Für die beiden Orte sind die Ergebnisse sicher generalisierbar. Ob sie sich auf die Situation von anderen ländlichen Gemeinden übertragen lassen, ist jedoch eine ganz andere Frage. Das ist sicher möglich für Gemeinden, die eine ähnliche Struktur haben wie Langenlonsheim und Bretzenheim - ähnlich im Hinblick auf die Ökonomie, die Sozialstruktur und die Entfernung zu einer größeren Stadt. Für Orte, die stark davon abweichen, ist auch eine Übertragbarkeit der Ergebnisse nicht mehr gegeben. Wenn man die Resultate einer empirischen Untersuchung verallgemeinern will, sind jedoch immer zwei Arten von Generalisierungen zu unterscheiden: Zum einen kann man wissen wollen, wie häufig ein bestimmtes Merkmal auch in anderen Orten vorkommt - z.B. wieviel Prozent der Landkinder besuchen am Nachmittag eine außerschulische Veranstaltung? Um Fragen dieses Typs zu beantworten, braucht man eine Studie, die wirklich für alle Landgemeinden repräsentativ ist und die obendrein groß genug ist, daß eine Differenzierung nach verschiedenen Ortstypen möglich ist. Solche Fragen lassen sich mit unserer Untersuchung nicht beantworten. Es gibt aber auch andere wichtige Fragen. Man kann z.B. wissen wollen, wie sich ungünstige Bedingungen im Wohnumfeld auf den Ablauf des Kinderalltags auswirken. In dieser Frage geht es um einen Zusammenhang, um die Beziehung zwischen Kinderalltag und Wohnumfeld. Die in dieser Untersuchung gefundenen Ergebnisse über solche Beziehungen sind durchaus generalisierbar - nicht zuletzt deshalb, weil sich gezeigt hat, daß nahezu alle wichtigen Zusammenhänge zwischen der Aktionsraumqualität im Wohnumfeld von Kindern und der Art, wie Kinder ihre Zeit verleben, auf dem Land nicht sehr viel anders sind als in der Stadt.

Anmerkungen zum Begriff "Aktionsraum"

Eine zentrale These dieser Untersuchung besagt, daß es für die Situation von Kindern außerordentlich wichtig ist in einem Wohnumfeld zu leben, das es ihnen ermöglicht, spontan und ohne Aufsicht mit Gleichaltrigen außerhalb der Wohnung zu spielen. Um dieses Merkmal eines Wohnumfeldes zu beschreiben, haben wir den Begriff des Aktionsraumes eingeführt. Unter einem **Aktionsraum** verstehen wir ein Territorium,

- das Kindern zugänglich ist
- das für Kinder dieser Altersgruppe gefahrlos ist
- das den Gestaltungsmöglichkeiten und -interessen dieser Altersgruppe entspricht
- und wo es Interaktionschancen mit Gleichaltrigen gibt.

Ein für Kinder geeigneter Aktionsraum zeichnet sich durch diese vier Merkmale aus: Zugänglichkeit, Gefahrlosigkeit, Gestaltbarkeit und Interaktionschancen.

Wenn man nun Aktionsräume in diesem Sinne untersuchen will, ergeben sich methodische und inhaltliche Probleme: Zunächst muß berücksichtigt werden, daß es keine Aktionsräume schlechthin gibt. Wenn man von einem Aktionsraum spricht, muß man immer ein Subjekt im Auge haben, einen Nutzer, mit seinen Interessen und Möglichkeiten. Für ein fünfjähriges Kind ist ein geeigneter Aktionsraum etwas ganz anderes als für ein zwölfjähriges. Das wird deutlich, wenn das Merkmal "Gefahrlosigkeit" genauer spezifiziert werden soll: ein fünfjähriges Kind hat im Normalfall eine ganz andere Risikokompetenz als ein zwölfjähriges Kind. Aber auch die Frage, was "Zugänglichkeit" bedeutet, ist nicht einfach zu beantworten. Ob ein Territorium zugänglich ist, hängt nicht nur von objektiv beschreibbaren Bedingungen ab - z.B. vom Vorhandensein oder Fehlen von Verboten -, sondern auch von den Möglichkeiten des Kindes, insbesondere von seiner Mobilitätskompetenz: ältere Kinder werden weitere Strecken zurücklegen wollen und können als jüngere Kinder. Fünfjährige sind in besonderem Maße auf den unmittelbaren Hauseingangsbereich angewiesen. Zwölfjährige haben einen weiteren Aktionsradius. Für sie sind Spielorte auch dann noch "zugänglich", wenn sie 500 Meter von der Wohnung entfernt sind. Besonders schwierig wird es, wenn das Merkmal "Gestaltbarkeit" interpretiert werden soll: Die Gestaltungsmöglichkeiten und -interessen von Kindern sind sehr unterschiedlich. Ein kleines Kind wird viel Freude dabei empfinden, wenn es eine Sandburg bauen kann, die vielleicht nach einer Stunde schon nicht mehr da ist. Ein Zwölfjähriger hat dagegen ganz andere Ansprüche und auch einen anderen "Zeithorizont". Für ihn ist es vielleicht attraktiv, eine Baumhütte zu bauen, die über mehrere Tage oder sogar Wochen von ihm genutzt und ausgebaut werden kann. Die Frage nach der "Gestaltbarkeit" wird noch komplizierter, wenn wir berücksichtigen, daß damit auch normative Gesichtspunkte verbunden sind: Wie *sollte* ein

Kind seine Zeit verbringen? Was sind *"wertvolle"* Tätigkeiten? Was *darf* ein Kind und was nicht? Was ist *"altersgemäß"?* usw.
Diese inhaltlichen Fragen zum Begriff "Aktionsraum" sind mit methodischen Problemen verbunden: Wie kann man in einer empirischen Untersuchung überhaupt in einer einigermaßen sinnvollen Weise beschreiben, ob es im Umfeld von Wohnungen gute oder zumindest ausreichende Aktionsräume gibt? Die Freiburger Untersuchung hat gezeigt, daß das durchaus möglich ist, wenn man von den Einschätzungen der Eltern ausgeht. Durch die Elternbefragung konnten sehr genaue und zutreffende Informationen über die Aktionsraumqualität im Wohnumfeld beschafft werden. Das hat die folgenden Gründe:

(1) Eltern kennen das Umfeld ihrer Wohnung sehr genau. Sie sind Experten auf diesem Gebiet und wissen sicher besser Bescheid als noch so gut geschulte soziologische Beobachter.

(2) Durch die Einschätzungen der Eltern wird der Forderung Rechnung getragen, daß der Begriff Aktionsraum auf ein Subjekt, auf einen Akteur, verweisen muß. Eltern berücksichtigen bei ihren Aussagen über das Wohnumfeld die besondere Situation *ihres* Kindes. Das kann dazu führen, daß unter gleichen objektiven Bedingungen die Aktionsraumqualität sehr unterschiedlich eingeschätzt wird, weil es sich um Kinder mit sehr verschiedenen Möglichkeiten handelt.

(3) Eltern haben Macht. Sie können in der hier untersuchten Altersgruppe weitgehend bestimmen, wie ihre Kinder den Tag verbringen. Ob sie draußen spielen, wie lange sie draußen spielen und unter welchen Umständen sie das tun - ob ohne Aufsicht oder unter Aufsicht. Wie diese Entscheidungen ausfallen, wird davon abhängen, wie Eltern das Wohnumfeld einschätzen, vor allem unter dem Gesichtspunkt der Gefahrlosigkeit. Wenn ihnen die Risiken zu hoch erscheinen, werden sie es ihren Kindern nicht erlauben, ohne Aufsicht außerhalb der Wohnung zu spielen. Wenn wir herausfinden wollen, welche Chancen Kinder haben, draußen ohne Aufsicht zu spielen, ist es also sehr wichtig zu wissen, wie das Wohnumfeld von den Eltern eingeschätzt wird.

Den Begriff Aktionsraum werden wir in dieser Untersuchung vorwiegend durch die Aussagen der befragten Eltern über die Spielmöglichkeiten ihrer Kinder definieren: Können Kinder im Außenbereich ohne Bedenken und ohne Aufsicht draußen spielen? Welche Einschränkungen gibt es und warum gibt es diese Einschränkungen? Welche Spielorte können von Kindern regelmäßig aufgesucht werden? Sind Spielkameraden in der Nähe aus eigener Kraft erreichbar? Diese Sichtweise der Eltern werden wir durch eine Begehung von ausgewählten Quartieren mit Kindern ergänzen. Auf diese Weise erhalten wir einen Eindruck davon, wie Kinder selbst ihr Wohnquartier erleben. Befragungsmethoden lassen sich in der hier untersuchten Altersgruppe nach unserer Einschätzung kaum einsetzen. Die Begehung von Quartieren zusammen mit einer Gruppe von Kindern liefert zwar keine quantifizierbaren Ergebnisse, aber sie vermittelt wertvolle Eindrücke.

Auf diese Weise - durch Elternbefragung und Begehung mit Kindern - wollen wir die "subjektiven Aspekte" des Begriffs Aktionsraum erfassen: die Situationsdefinitionen von Eltern und Kindern, die sich letztlich dann im Verhalten und in der Strukturierung des Kinderalltags niederschlagen.

Das ist aber natürlich nur ein Aspekt, denn es ist zu vermuten, daß hinter den Einschätzungen von Eltern und Kindern auch so etwas wie ein "harter Kern" steckt - zumindest für Kinder in der hier untersuchten Altersgruppe. Dieser "harte Kern" hat etwas mit den objektiven Bedingungen im Wohnumfeld zu tun: mit der Verkehrsbelastung, der Temporegelung im Wohngebiet und mit dem Vorhandensein oder Fehlen von bespielbaren Freiflächen. Es ist besonders wichtig, diesen "Kern" zu erfassen, denn das ist gewissermaßen das Substrat von Aktionsräumen, das politisch veränderbar ist. Um das zu tun, haben wir für eine Auswahl von Kindern in den Gemeinden Langenlonsheim und Bretzenheim ein Wohnumfeldinventar erstellt: Es wurde genau und ausführlich protokolliert, welche Bedingungen es im Wohnumfeld gibt, die für den Aufenthalt von Kindern im öffentlichen Raum wichtig sein könnten. Diese objektiven Wohnumfeldmerkmale lassen sich dann mit den Einschätzungen der Eltern und mit dem Verhalten der Kinder in Verbindung bringen. Auf diese Weise läßt sich zeigen, wie die tatsächlichen Merkmale des wohnungsnahen Bereiches sich in Situationsdefinitionen und Handlungen umsetzen.
Uns ist bewußt, daß damit noch längst nicht alles erfaßt wurde, was wichtig sein könnte, um den Kinderalltag zu erklären. Wir haben z.B. keine Informationen über die Attraktivität von Alternativen zum Spielen im Außenbereich. Dazu müßten wir etwas über die Binnenräume der von uns untersuchten Kinder wissen: ob ein eigenes Kinderzimmer vorhanden ist, wie die Binnenräume ausgestattet sind, welche organisierten Angebote es für Kinder gibt und welchen Zugang Kinder zu den Medien haben, insbesondere zum Fernsehen und zu Computerspielen. Diese sehr wichtigen Informationen konnten im Rahmen dieser Untersuchung nicht erhoben werden. Wir wissen auch nur sehr wenig über die Familiensituation der von uns untersuchten Kinder. Die Freiburger Studie hat gezeigt, daß bestimmte Aspekte des Kinderalltags - insbesondere das Interesse am Fernsehen - am besten durch eine Interaktion von Wohnumfeldbedingungen und Bildungsmilieu der Familie erklärbar sind. Um mehr über die soziale Situation der Kinder zu wissen, hätten wir eine aufwendige Befragung in den Familien durchführen müssen, was im Rahmen dieser Studie leider nicht möglich war.

Der Untersuchungsbericht gliedert sich wie folgt:
In *Kapitel II* wird beschrieben, wie Eltern die Spielmöglichkeiten ihrer Kinder im Umfeld der Wohnung beurteilen. Dabei werden verschiedene Gesichtspunkte berücksichtigt: Können Kinder ohne Aufsicht und ohne Bedenken draußen spielen? Gibt es Spielkameraden in erreichbarer Nähe? Welche Spielorte können von Kindern regelmäßig genutzt werden? Die verschiedenen Einzelindikatoren zur Aktionsraumqualität werden schließlich zu einem Index

zusammengefaßt, der einen Gesamteindruck von der Beschaffenheit des Wohnumfeldes vermittelt. Besonders reizvoll erscheint uns ein Vergleich mit den Ergebnissen der Freiburger Kinderstudie. Es wird ja sehr oft vermutet, daß es Kinder der hier untersuchten Altersgruppe auf dem Land sehr viel besser haben. Als wir mit der Studie begannen, dachten wir das auch, aber mittlerweile sind wir uns dessen nicht mehr so sicher.

In *Kapitel III* werden die Ergebnisse des Wohn-Umfeldinventars und der Einstufungen durch den Freiburger-Soziotopen-Test berichtet und mit den Einschätzungen der Eltern in Verbindung gebracht. Dabei wird gezeigt, welche objektiven Bedingungen im Nahbereich der Wohnung besonders wichtig für die von den Eltern konstatierte Aktionsraumqualität sind.

In *Kapitel IV* wird untersucht, welchen Einfluß die Aktionsraumqualität im Umfeld der Wohnung auf den Kinderalltag hat. Anhaltspunkte für den Ablauf des Kinderalltags sind Aussagen der Eltern über verschiedene Aktivitäten ihrer Kinder. Untersucht wird u.a. wie lange Kinder ohne und mit Aufsicht draußen spielen, wie lange sie vor dem Fernseher sitzen und ob ein Bedarf nach einer organisierten Nachmittagsbetreuung besteht. Die im Durchschnitt dafür verwendete Zeit wird mit der Aktionsraumqualität in Verbindung gebracht und es wird untersucht, welche anderen Bedingungen im sozialen Umfeld die Zeitverwendung beeinflussen.

In *Kapitel V* gehen wir noch einmal auf die besondere Bedeutung von naturnahen Spielorten ein und versuchen zu zeigen, welchen Stellenwert sie in den beiden untersuchten Gemeinden besitzen und welche Bedeutung sie als Aktionsräume für Kinder haben können.

In dem *Kapitel VI* werden die wichtigsten Ergebnisse dieser Untersuchung zusammenfassend dargestellt und es werden Vorschläge gemacht, wie sich aus den Ergebnissen praktische Konsequenzen ableiten lassen.

Im *Anhang* zu diesem Bericht werden die Protokolle zu den Begehungen in Wohnquartieren von Langenlonsheim und Bretzenheim dokumentiert. Sie zeigen in einer anschaulichen und reportagehaften Weise, wie Kinder ihr Wohnumfeld erleben und wie Spielorte im Nahbereich ihrer Wohnung von ihnen bewertet werden.

II. Aktionsraumqualität - Eltern als Experten: Wie wird das Wohnumfeld von den Eltern bewertet?

II.1 Was für Spielmöglichkeiten haben Kinder im Umfeld ihrer Wohnung?

Eltern haben das Recht, aber auch die Pflicht, in verantwortungsvoller Weise darüber zu entscheiden, wie ihre Kinder den Tag verbringen. Natürlich können sie von diesem Recht nicht immer Gebrauch machen - glücklicherweise ist das so -, aber in der Altersgruppe der 5- bis 12jährigen sind ihre Entscheidungsbefugnisse doch noch ziemlich deutlich. Wenn wir verstehen wollen, wie es zu einer Strukturierung des Kinderalltags kommt, müssen wir also wissen, wie Eltern das Umfeld ihrer Wohnung und die Spielmöglichkeiten ihrer Kinder einschätzen. Wir betrachten die Eltern gewissermaßen als Experten, die zwar nicht alles wissen und auch nicht alles so bewerten, wie die Kinder das tun würden, aber sie wissen doch einiges und ihr Wissen ist nicht folgenlos: Wenn sie zu einer negativen Einschätzung kommen, werden Kinder auch weniger Chancen haben, den Außenraum ohne Aufsicht zum Spielen nutzen zu können.
Ein großer Teil des Elternfragebogens geht auf dieses Thema ein: Wie beurteilen Eltern die Aktionsraumqualität im Umfeld der Wohnung unter den Gesichtspunkten Zugänglichkeit, Gefahrlosigkeit, Gestaltbarkeit und Interaktionschancen. Wir zeigen zunächst, wie einzelne Aspekte der Aktionsraumqualität von den Eltern gesehen werden und fassen die Einschätzungen dann zu einem Index "Aktionsraumqualität" zusammen, mit dem sich beschreiben läßt, wie die Eltern das Wohnumfeld unter allen wichtigen Gesichtspunkten beurteilen.
Alle dazu gestellten Fragen wurden in der gleichen Weise formuliert wie in der Freiburger Studie, so daß immer direkte Vergleiche möglich sind. Es gab Fragen zu den folgenden Themen:

(1) Können Kinder draußen in unmittelbarer Nähe der Wohnung ohne Aufsicht und ohne Bedenken spielen?
(2) Gibt es Spielkameraden in der Nähe und kann das Kind diese aus eigener Kraft erreichen?
(3) Welche Spielorte werden regelmäßig aufgesucht, wenn das Kind ohne Aufsicht draußen ist?

1. Können Kinder ohne Aufsicht und ohne Bedenken draußen spielen?

Die Eltern hatten vier Möglichkeiten zur Beantwortung der Frage, ob ihr Kind draußen in unmittelbarer Wohnungsnähe spielen kann (vgl. Fragebogen im Anhang):

- ohne Aufsicht und ohne Bedenken
- ohne Aufsicht, aber mit Bedenken
- nur unter Aufsicht
- überhaupt nicht

Die Abbildungen 1 und 2 zeigen die Verteilung der Antworten:

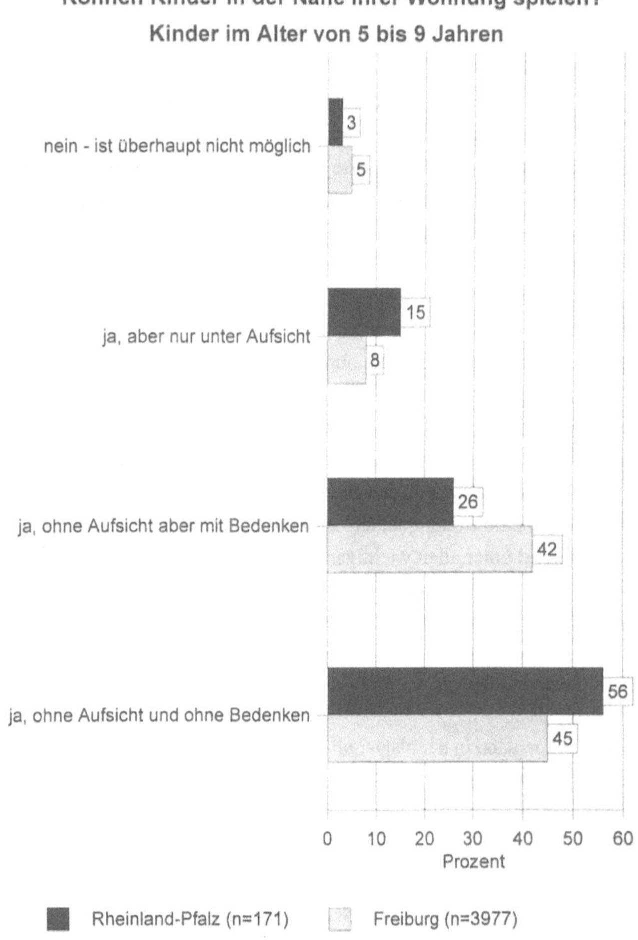

Abbildung 1

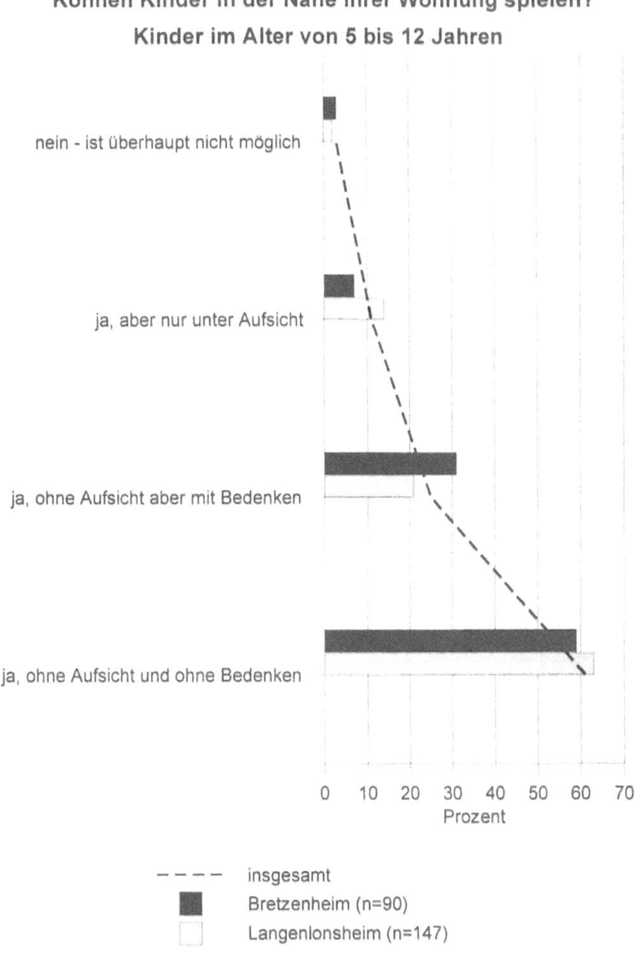

Abbildung 2

In den beiden Landgemeinden können immerhin rund 60 Prozent der 5- bis 12jährigen Kinder ohne Aufsicht und ohne Bedenken draußen spielen. Nur drei Prozent der Kinder können überhaupt nicht draußen spielen; 11 Prozent nur unter Aufsicht und 25 Prozent können zwar ohne Aufsicht draußen sein, aber die Eltern haben auch ihre Bedenken dabei.

Ein Vergleich mit der Großstadt Freiburg zeigt, daß die Situation in den beiden Landgemeinden etwas günstiger ist. Wenn man nur die 5- bis 9jährigen Kinder betrachtet, können in Langenlonsheim und Bretzenheim 56 Prozent ohne Aufsicht und ohne Bedenken draußen spielen - in Freiburg aber nur 45 Prozent. Der Unterschied ist deutlich, aber keineswegs dramatisch. Die Unterschiede zeigen sogar in die andere Richtung, wenn wir nur die ungünstigen Einschätzungen betrachten: In den ländlichen Gemeinden können 18 Prozent der 5- bis 9jährigen entweder überhaupt nicht draußen spielen oder nur unter Aufsicht - in Freiburg beträgt der Anteil dieser Kinder dagegen nur 13 Prozent.

Nur wenig Unterschiede gibt es zwischen den beiden Gemeinden. Gute Spielmöglichkeiten haben in beiden Fällen rund 60 Prozent der Kinder. In Langenlonsheim ist der Anteil derjenigen, die entweder überhaupt nicht oder nur unter Aufsicht draußen sein können mit 16 Prozent etwas höher als in Bretzenheim (10 Prozent).

Welche Gesichtspunkte stehen bei der Bewertung der Aktionsraumqualität im Vordergrund?

Die Antwort auf die Frage nach den Spielmöglichkeiten konnte von den Eltern ausführlich und ohne Vorgabe von Kategorien begründet werden. Auf diese Weise war es möglich, die Kriterien zu ermitteln, die für die Eltern zur Beurteilung der Aktionsraumqualität wichtig sind.
Die z.T. sehr ausführlichen Aussagen der Eltern zeigen, daß sie Aktionsräume in der gleichen Weise, d.h. nach den gleichen Kriterien bewerten, wie wir das angenommen haben. Gute Aktionsräume zeichnen sich durch Zugänglichkeit, Gefahrlosigkeit, Gestaltbarkeit und das Vorhandensein von Interaktionschancen aus. Wenn die Spielmöglichkeiten als ungünstig eingeschätzt werden, weisen die Eltern besonders häufig auf Gefahren hin, vor allem werden Gefahren genannt, die durch den *motorisierten Individualverkehr* entstehen:

- Die Autos fahren zu schnell, Autofahrer nehmen keine Rücksicht auf die Kinder!
- Wir wohnen in einer vielbefahrenen Seitenstraße. Trotz 30er Zone fahren die Autos viel schneller durch.
- Wir wohnen direkt an der B 48 und sind das erste Haus für ortseinwärtsfahrende Fahrzeuge. Diese haben fast alle überhöhte Geschwindigkeit, da wäre dann z. B. ein Überwechseln auf die andere Straßenseite für kleinere Kinder lebensgefährlich.
- Es fahren zuviele Autos durch die Strasse und vor allem viel zu schnell.
- zuviel parkende Autos
- stark befahrene Straße (B 48) in der Nähe (30 m). Rücksichtslose Raser in der Tempo-30-Zone. Schlechte Luft durch die Abgase der Autos auf der B 48; sehr hohe Lärmbelastung.
- Insgesamt: Verkehr als Problem
- Unser Haus liegt zwar nicht an der Durchgangsstraße und es ist Tempo 30 vorgeschrieben, aber da die Straße schnurgerade ist, wird trotzdem gerast. Bei 30 cm Bürgersteig ist Spielen ohne Aufsicht zu gefährlich. Ein Spielplatz in der Nähe ist trotz vieler Kinder nicht vorhanden.

- In der Straße wird - trotz Tempo-30-Zone - häufig gerast. In der angrenzenden Spielstraße herrscht Durchgangsverkehr. Durch parkende Autos ist die Straße unübersichtlich und es wird erheblich schneller als Schrittgeschwindigkeit gefahren. Drückampel für Fußgänger wird regelmäßig bei rot überfahren.
- Spielen in unmittelbarer Nähe ist nur im Garten möglich, vor dem Grundstück verläuft eine stark befahrene Straße, einziger Lichtblick ist die Spielstraße 5 Min. entfernt, nächster Spielplatz ist relativ weit entfernt; es sind jedoch jeweils stark befahrene Straßen zu überqueren bzw. zu umgehen.

Eine gewisse Bedeutung haben auch Aussagen über *soziale Risiken*:

- Das Kind könnte vielleicht von fremden Leuten angesprochen werden.
- ungeeigneter Umgang mit Kindern aus zerrütteten oder gefährdeten Familienkrisen (Alkohol, Zigaretten)
- Schule in der Nähe - Kinder treffen sich auf dem Schulhof; Gefahr dort ist das Verhalten der größeren Schüler (Hauptschüler)
- allgemeine Belästigung durch fremde Personen
- Obdachlose u. Trinker auf dem Dorfplatz; pöbeln ist schon passiert

Wenn es um die Frage geht, welche *Veränderungen* erforderlich sind, wird am häufigsten auf politische bzw. technische Maßnahmen verwiesen, die den Straßenverkehr betreffen.

- Tempo 30
- Bodenschwellen, häufigere Polizeikontrollen (Blitzgeräte), Pflanzkübel - alles, was die Autofahrer zum langsamer Fahren zwingt.
- Schrittgeschwindigkeit und in regelmäßigen Abständen versetzt auf den Fahrbahnseiten Blumenkübel.
- Grundsätzlich Tempo-30, Wendeverbot, eingezeichnete Parkplätze, der an diesem Wendehammer liegende Spielplatz müßte ein Türchen haben, um zumindest die kleineren Kinder abzubremsen.
- Verkehrsumleitung (Umgehungsstraße) - Mehr Spielstraßen und km 30-Zonen.
- Verkehrsberuhigung, enge Nebenstraßen zu Spielstraßen, Geschwindigkeitskontrollen, Vorrang Fußgänger vor Autos
- Umleitung Fernverkehr ab Bingen über BAB bis KH, enge Orte im Nahetal entlasten.
- Verkehrsberuhigung im ganzen Ort, Spielstraßen, Vorrang der Fußgänger vor PKWs, großräumige Umleitung des Fernverkehrs über BAB (Bingen - KH)
- Bauliche große hohe Erhöhung in Straße, damit Auspuff fast dran hängenbleibt. Parkflächen vergrößern, evtl. teilweise in unbebaute Winzerwege legen, große Pflanzkübel in Straße stellen, Einbahnstraße in Richtung Winzenheim einrichten
- In Wohngebieten grundsätzlich Spielstraßen einrichten und die PKWs der Anwohner auf Abstell-Garagenplätze verpflichtend verweisen, damit die Sicht der Kinder nicht durch unnötige Autos versperrt wird.
- Bessere Gestaltung des Kinderspielplatzes. Absicherung des Sportplatzes durch einen Fangzaun zur Nahe hin. Kein Alkoholkonsum auf dem Marktplatz, mehr Sportmöglichkeit.
- Ein Spielplatz in der Nähe. Für das gesamte Baugebiet muß wenigstens 1 Spielplatz vorhanden sein oder eine Spielwiese.
- ...daß sich mehr um den Kinderspielplatz gekümmert wird - Sandkasten wird zu selten gereinigt (Zigarettenkippen) - Spielgeräte sind des öfteren kaputt oder erst gar nicht vorhanden, von 2 Schaukeln ist nur eine zu benutzen. Kinder in diesem Alter können nur auf dem Spielplatz spielen.

Nur in wenigen Fällen werden die Probleme in dem Sinne hingenommen, daß darauf gehofft wird, die Kinder würden im Verlauf ihrer Entwicklung "verkehrstauglicher" werden. Das

kommt in der folgenden Aussage zum Ausdruck: "es gibt keine Lösung, sie (die Tochter) muß halt älter werden".
Es ist aber klar erkennbar, daß auch in den ländlichen Kommunen von den Eltern ganz überwiegend ein erheblicher politischer Handlungsbedarf geltend gemacht wird. Die Eltern von Kindern mit schlechter Aktionsraumqualität haben sehr konkrete Erwartungen, wie die Verwaltung und die politischen Entscheidungsträger die Situation ihrer Kinder verbessern könnten.

2. Welche Spielorte werden von Kindern regelmäßig genutzt?

Die Eltern wurden auch gefragt, welche Spielorte regelmäßig aufgesucht werden, wenn ein Kind ohne Aufsicht draußen spielen kann. Zur Auswahl wurden 10 verschiedene Spielorte vorgegeben. Die Abbildungen 3 und 4 zeigen, welche Spielorte von Kindern regelmäßig genutzt werden, wenn sie ohne Aufsicht draußen spielen.

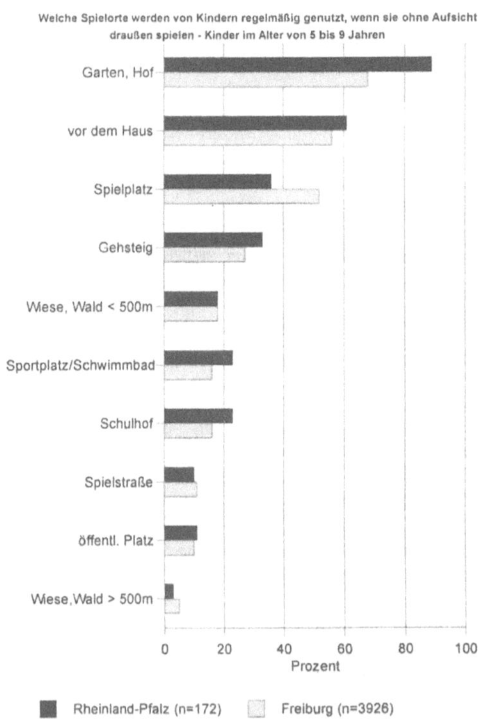

Abbildung 3

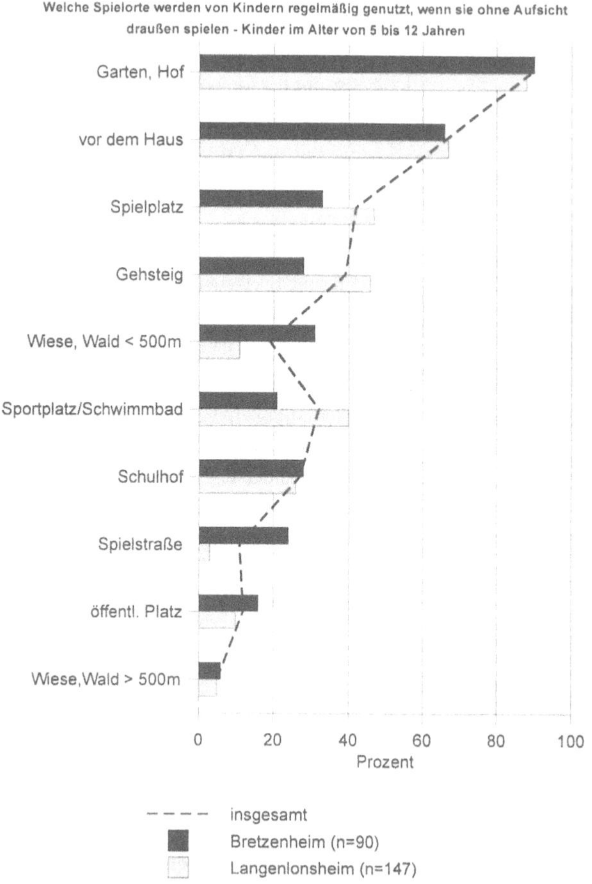

Abbildung 4

Die regelmäßig genutzten Spielorte von Großstadtkindern und Kindern auf dem Land sind einerseits sehr ähnlich, unterscheiden sich andererseits aber in wesentlichen Punkten. Ähnlich ist die Rangfolge von Spielorten: an der Spitze stehen Garten, bzw. Hof (1.Platz), "vor dem Haus" (2. Platz), Spielplätze in der Nähe der Wohnung (3. Platz) und der Gehsteig auf einer "normalen Straße" - also einer Straße ohne Spielstraßenregelung - (4. Platz). Deutliche Unterschiede werden aber sichtbar, wenn Prozentanteile betrachtet werden. Während in der Stadt nur rund zwei Drittel der Kinder in einem Garten oder Hof spielen können, sind es auf dem Land nahezu 90 Prozent. Dafür haben Spielplätze für die Landkinder eine spürbar geringere Bedeutung als für die in der Stadt lebenden Kinder: Spielplätze werden von 36 Prozent der Kinder auf dem Land regelmäßig genutzt. Von den Stadtkindern halten sich dagegen 52% regelmäßig auf einem Spielplatz auf. Größere Bedeutung für Landkinder als für Stadtkinder haben die folgenden Spielorte: Sportplatz bzw. Schwimmbad und ein Schulhof in der Nähe der Wohnung. Erstaunlich fanden wir, daß Wiesen und Wälder für die Landkinder eine genauso geringe Bedeutung als Spielorte haben wie für die Stadtkinder.

Ein Vergleich zwischen Langenlonsheim und Bretzenheim zeigt, daß die Spielsituation von Kindern auch bei annähernd gleicher globaler Einstufung durch die Eltern doch sehr unterschiedlich sein kann. In Bretzenheim besitzen verkehrsberuhigte öffentliche Orte für das Spielen der Kinder eine sehr viel größere Bedeutung als in Langenlonsheim. Rund ein Viertel der Bretzenheimer Kinder kann regelmäßig eine Spielstraße zum Spielen nutzen - in Langenlonsheim dagegen nur 3 Prozent der Kinder. Auf öffentlichen Plätzen in der Nähe der Wohnung halten sich in Bretzenheim 16 Prozent der Kinder regelmäßig auf - in Langenlonsheim nur 10 Prozent. Dafür spielen fast 50 Prozent der Langenlonsheimer Kinder auf dem Gehsteig einer ganz normalen Straße - in Bretzenheim aber nur knapp 30 Prozent der Kinder. Auffällig ist auch, daß Wiesen, Waldflächen oder ein Park in der Nähe der Wohnung für die Kinder in Bretzenheim eine sehr viel größere Bedeutung besitzen als für die Langenlonsheimer Kinder (31 Prozent vs. 11 Prozent).
Während relativ gefahrlose allgemeine öffentliche Räume in Bretzenheim eine nicht zu vernachlässigende Rolle für Kinder spielen, haben in Langenlonsheim speziell für Kinder eingerichtete bzw. für Spielzwecke nutzbare Räume eine größere Bedeutung: Fast 50 Prozent der Langenlonsheimer Kinder nutzen regelmäßig einen Spielplatz in der Nähe der Wohnung - von den Bretzenheimer Kindern dagegen nur 33 Prozent. Ein Sportplatz oder Schwimmbad wird von 40 Prozent der Kinder in Langenlonsheim genutzt - aber nur von rund 20 Prozent der Bretzenheimer Kinder. In Langenlonsheim sind die Spielorte der Kinder ähnlich wie die Spielorte von Stadtkindern - die Spielgelegenheiten in Bretzenheim weichen dagegen relativ deutlich von dem Muster der Stadt ab.

Was für Wahlmöglichkeiten haben Kinder?

Für die Qualität eines Wohnumfeldes ist es sicher sehr wichtig, daß Kinder über Wahlmöglichkeiten verfügen, daß sie nicht nur einen Spielort regelmäßig nutzen können, sondern daß es möglich ist, zwischen verschiedenartigen Orten zu wählen. Ein Indikator dafür ist die Anzahl der regelmäßig aufgesuchten Spielorte (Abbildung 5).

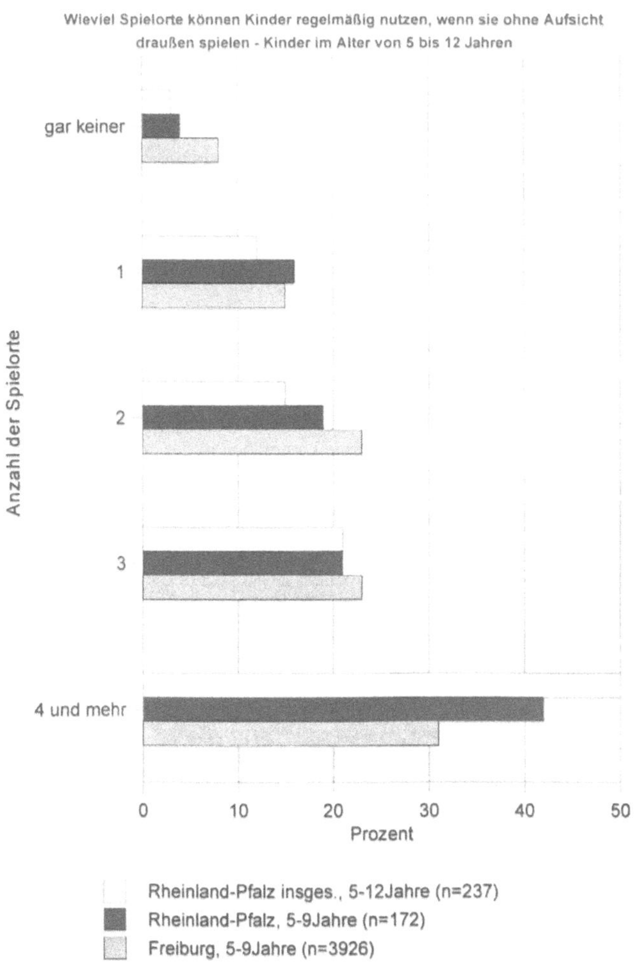

Abbildung 5

Ein Vergleich zwischen Freiburg und Rheinland-Pfalz zeigt, daß die Situation der Landkinder besser ist. Sie haben mehr Wahlmöglichkeiten zwischen verschiedenartigen Spielorten als die Stadtkinder: 42 Prozent der Kinder im Alter zwischen 5 und 9 Jahren können zwischen 4 und mehr verschiedenen Spielorten wählen. In der Großstadt Freiburg haben dagegen nur rund 30 Prozent der Kinder ähnlich gute Wahlmöglichkeiten.

Im Hinblick auf die Anzahl der zur Auswahl stehenden Spielorte sind die Unterschiede zwischen den Orten Langenlonsheim und Bretzenheim nicht sehr groß. In beiden Orten können rund 50 Prozent der Kinder zwischen vier und mehr verschiedenartigen Orten wählen. Auch der Anteil der Kinder mit sehr wenig Wahlmöglichkeiten (= kein regelmäßig nutzbarer Spielort und nur ein Spielort zur Auswahl) ist in den beiden Orten annähernd gleich hoch: in Langenlonsheim 16 Prozent, in Bretzenheim 13 Prozent.

3. Gibt es Spielkameraden in erreichbarer Nähe?

Die Aktionsraumqualität im Wohnumfeld hängt auch davon ab, ob es genügend Spielkameraden in erreichbarer Nähe gibt. Die Abbildung 7 zeigt, wie die Eltern das eingeschätzt haben.
Spielkameraden auf dem Land sind offenbar genauso gut oder schlecht erreichbar, wie in der Stadt: 73 Prozent der Landkinder haben Spielkameraden in der Nähe, mit denen sich auch aus eigener Kraft Kontakte herstellen lassen. In der Großstadt Freiburg beträgt dieser Anteil 71 Prozent. Die Unterschiede sind also außerordentlich gering.
Etwas deutlichere Unterschiede gibt es zwischen den beiden Landgemeinden. In Bretzenheim scheinen Spielkameraden etwas besser erreichbar zu sein als in Langenlonsheim. Deutlich mehr Kinder können Freunde aus eigener Kraft erreichen und der Anteil der Kinder, für die Begegnungen durch die Eltern organisiert werden müssen, ist geringer.

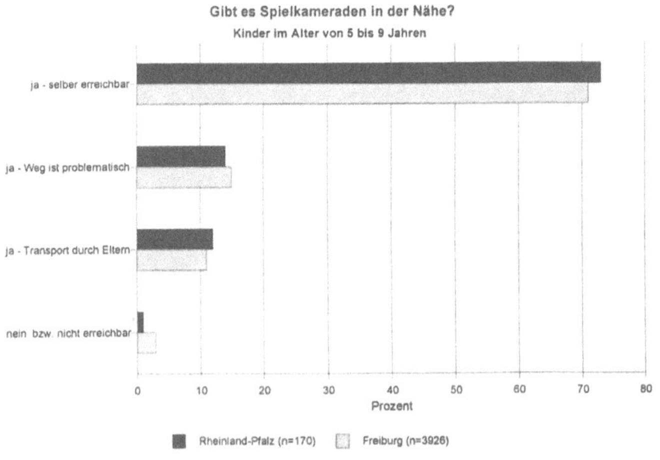

Abbildung 6

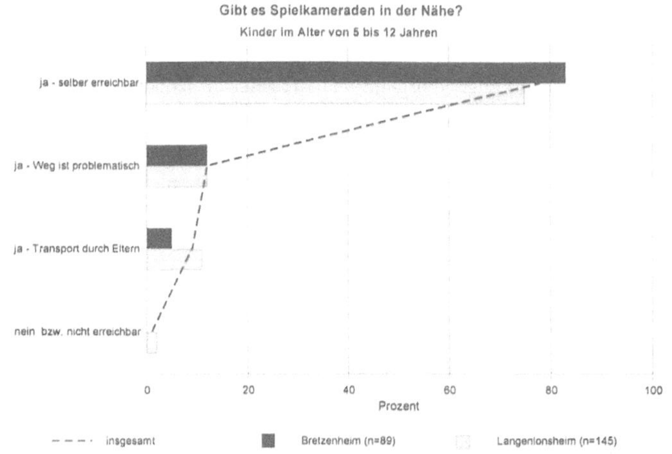

Abbildung 7

Unterscheiden sich die Spielmöglichkeiten von Stadt- und Landkindern?

Die Frage läßt sich nicht eindeutig beantworten. Unter allen hier berücksichtigten Gesichtspunkten sind Unterschiede zwar erkennbar, aber sehr viel geringer als oft angenommen wird. Der Tendenz nach haben Landkinder im Außenbereich etwas bessere Spielmöglichkeiten als die Stadtkinder, aber die geringen Unterschiede zeigen, daß die Urbanisierung des ländlichen Raumes doch schon recht weit fortgeschritten ist. Ungefähr ein gleich hoher Anteil von Kindern im Alter von 5 bis unter 10 Jahren kann ohne Aufsicht und ohne Bedenken draußen spielen - rund 50 Prozent. Und ungefähr ein Viertel der Kinder in der Stadt und in den beiden Landgemeinden kann überhaupt nicht draußen spielen oder nur unter Aufsicht. Wohnumfelder mit einer größeren Zahl von verschiedenartigen Spielorten sind in den ländlichen Gemeinden nur etwas häufiger als in der Stadt. Und auch Spielkameraden lassen sich auf dem Land nicht sehr viel besser erreichen als in der Großstadt. Die von Kindern regelmäßig aufgesuchten Spielorte lassen ein ähnliches Präferenzen- bzw. Möglichkeitsmuster erkennen. Ein deutlicher Unterschied besteht allerdings darin, daß Landkinder besseren Zugang zu privaten Außenräumen (Garten, Hof) haben als die Stadtkinder. Die Stadtkinder kompensieren das, indem sie häufiger öffentliche Spielplätze nutzen. Aber das ist in den Landgemeinden z.T. ganz ähnlich - zumindest die Gemeinde Langenlonsheim hat unter diesem Gesichtspunkt eher "städtischen Charakter".

Gibt es zwischen den beiden hier untersuchten Landgemeinden deutliche Unterschiede?

Auch diese Frage muß eher mit "nein" beantwortet werden. In einigen Punkten lassen sich zwischen den Gemeinden Langenlonsheim und Bretzenheim jedoch auffällige Unterschiede beobachten. Bemerkenswert ist, daß Kinder in Bretzenheim offenbar häufiger relativ gefahrlose öffentliche Räume nutzen können als die Kinder in Langenlonsheim. Für die Langenlonsheimer Kinder besitzen dagegen "Kinderreservate" - also speziell für Spielzwecke eingerichtete und ausgewiesene Flächen - eine größere Bedeutung.

II.2 Zusammenfassung von Bewertungen: Index "Aktionsraumqualität"

Die verschiedenen Einschätzungen der Eltern lassen sich zu einem Index zusammenfassen, der zum Ausdruck bringt, wie die Aktionsraumqualität im Umfeld der Wohnung insgesamt unter den verschiedenen Gesichtspunkten bewertet wird.

Index "Aktionsraumqualität": methodische Erläuterungen

Um diese Informationen zusammenzufassen, wurde in der Freiburger Kinderstudie eine Faktorenanalyse durchgeführt. Dazu wurden die Antworten auf diese drei Fragen so recodiert, daß die meßtheoretischen Voraussetzungen für diesen Typ der Datenanalyse erfüllt sind.[7] Die Analysen haben ergeben, daß sich die Antworten zu den Fragen nach Spielmöglichkeiten, Spielorten und Spielkameraden sehr gut durch einen einzigen Faktor rekonstruieren lassen. Dieser Faktor bringt zum Ausdruck, wie gut die Aktionsraumqualität im Wohnumfeld in der Einschätzung der Eltern ist. Um etwas ähnliches für die Rheinland-Pfalz-Studie zu tun, bieten sich im Prinzip zwei Möglichkeiten an:

(1) Es wird eine eigenständige Faktorenanalyse durchgeführt. Das hätte den Vorteil, das sich eventuell vorhandene spezielle Präferenzschemata der Eltern von Landkindern besser reproduzieren lassen. Diese Methode hätte aber den Nachteil, daß die Ergebnisse für die beiden Landgemeinden nicht mit den Resultaten für eine Großstadt vergleichbar sind.

(2) Es wird der faktorenanalytisch erstellte Index von Freiburg verwendet, d.h. die den Index bildenden Antworten werden für die Zusammenfassung in der gleichen Weise gewichtet wie in der Freiburger Kinderstudie. Der mögliche Nachteil dieser Vorgehensweise besteht darin, daß fälschlicherweise unterstellt wird, daß die Eltern von Landkindern das gleiche Präferenzschema wie Eltern von Stadtkindern haben. Der Vorteil wäre, daß die Ergebnisse für die Landgemeinden von Rheinland-Pfalz direkt mit den Ergebnissen der Freiburger Kinderstudie vergleichbar wären.

Wir haben uns zu dieser Vorgehensweise entschlossen, weil uns die Möglichkeit eines direkten Vergleichs sehr wichtig erscheint. Die Antwortverteilungen für die Einzelindikatoren lassen überdies vermuten, daß die Bewertungskriterien der Eltern von Landkindern nahezu die gleichen sind wie die der Eltern von Stadtkindern.

Der Index wurde in der gleichen Weise und mit den gleichen Methoden gebildet wie in der Freiburger Studie. Da auch die Indexwerte in der gleichen Weise zu Bewertungskategorien

---

[7] Die Antwortmöglichkeiten zu den Fragen 7 (Spielmöglichkeiten) und 13 (Spielkameraden) wurden in dichotome Variablen ("dummies") umgewandelt. Die Anzahl der Wahlmöglichkeiten (Frage 9) ist bereits eine Intervallskala.

zusammenfaßt wurden wie in der Freiburger Untersuchung, ist ein direkter Vergleich möglich (Abbildung 8).[8]

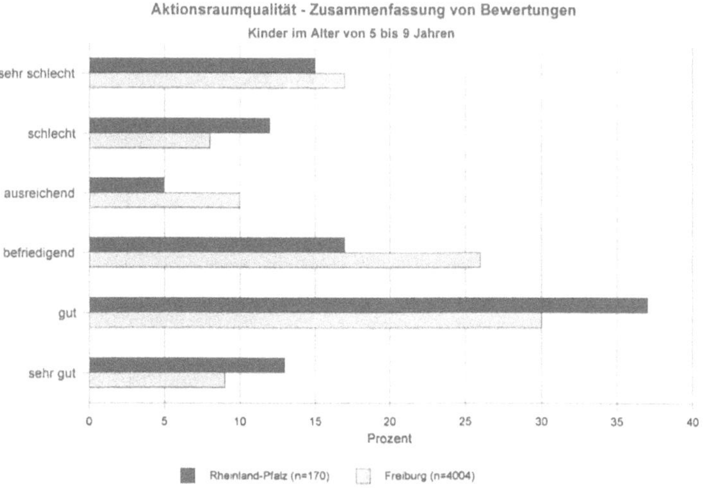

Abbildung 8

Der Vergleich der Indexwerte zwischen Stadt und Land bestätigt weitgehend die für die einzelnen Indikatoren bereits berichteten Ergebnisse: Auch unter Berücksichtigung aller in dieser Studie erfaßten Bewertungsaspekte ist die Situation von Landkindern in der Einschätzung der Eltern nicht sehr viel anders als die Situation von Kindern in der Stadt. Während in Freiburg nach der Einstufung der Eltern rund 40 Prozent der Kinder über eine "gute" oder "sehr gute" Aktionsraumqualität im Wohnumfeld verfügen, ist im ländlichen Bereich der Anteil von Kindern mit guten bzw. sehr guten Spielmöglichkeiten mit 50 Prozent zwar höher, bewegt sich aber doch in einer vergleichbaren Größenordnung. Bei den mit "sehr schlecht" oder "schlecht" eingestuften Wohnumfeldern ist der Unterschied sogar außerordentlich gering: Jeweils rund ein Viertel der 5- bis 9jährigen wachsen in einem Umfeld auf, das es ihnen kaum ermöglicht, ohne Aufsicht und spontan draußen zu spielen - 25 Prozent in Freiburg und 27 Prozent in den beiden ländlichen Gemeinden.

[8] Die 6 Bewertungskategorien wurden so gebildet, daß eine Kategorie einen Bereich von einer halben Standardabweichung umfaßt. Der Freiburger Index hat einen Mittelwert von 100 und eine Standardabweichung von 50.

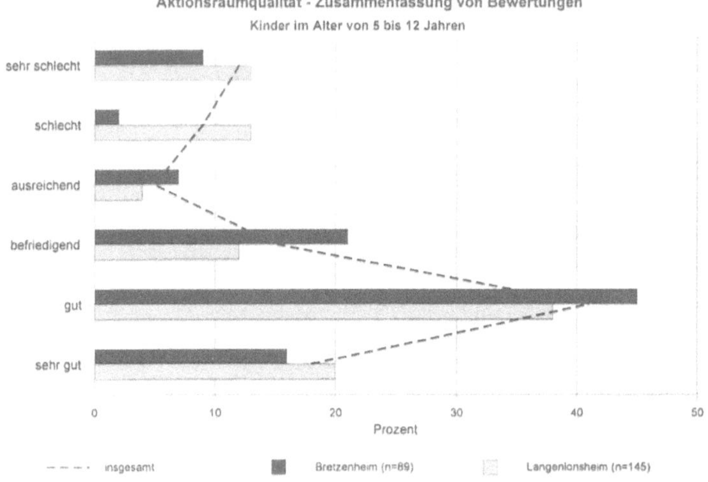

Abbildung 9

Die Verteilung der Indexwerte in den beiden Gemeinden macht deutlich, daß es im Hinblick auf die Aktionsraumqualität einen spürbaren Unterschied gibt (Abbildung 9). In Langenlonsheim werden für 26 Prozent der Kinder die Bedingungen im Umfeld der Wohnung als "sehr schlecht" oder "schlecht" eingestuft - in Bretzenheim beträgt dieser Anteil aber nur 11 Prozent. Der Anteil von Kindern, die in einem "guten" oder "sehr guten" Wohnumfeld aufwachsen, ist in den beiden Gemeinden allerdings annähernd gleich groß: 58 Prozent in Langenlonsheim und 60 Prozent in Bretzenheim.

Im nächsten Kapitel wird gezeigt, was "hinter" diesen Einstufungen steht: Wie die Einschätzung der Aktionsraumqualität von objektiv beschreibbaren Merkmalen des Wohnumfeldes und von der Situation der Kinder abhängt.

III. Wohnumfeld und Aktionsraumqualität

Für eine Auswahl von 123 Kinder (rund 50 Prozent unserer Stichprobe) wurde ein Wohnumfeld-Inventar erstellt und versuchsweise wurde auch der "Freiburger Soziotopen-Test (FST)" angewendet. Mit diesem Test lassen sich Wohnumfelder danach klassifizieren, wie gut sie für Kinder im Vorschul- und Grundschulalter geeignet sind. Dieser Test wurde zur Klassifizierung von *städtischen* Wohnquartieren entwickelt und wir wollten in dieser Untersuchung herausfinden, ob er sich auch für ländliche Gemeinden eignet.

Durch das Inventar werden Merkmale im Umfeld einer Wohnung erfaßt, die für die Spielmöglichkeiten von Kindern wichtig sind. Um Vergleichsmöglichkeiten zu haben, wurden die gleichen Merkmale erfaßt wie in Freiburg (vgl. Anlage 2):

A. **Haus- und Wohnungsbereich:**

* der Haustyp, die Bauweise
* die Lage der Wohnung im Haus
* ob Nebengebäude vorhanden sind

B. **wohnungsnaher Bereich** in einem Umkreis von 50 Metern um die Wohnung:

* die Breite des Gehwegs, bzw. ob ein Haus überhaupt an einer Straße liegt
* die Fahrbahnbreite vor dem Haus
* die Art der Verkehrsregelung - d.h. welche Geschwindigkeit zulässig ist
* die Anzahl der vor dem Haus parkenden Fahrzeuge
* ob es eine Pufferzone zwischen Haustür und Straße gibt und ob dieser Bereich bespielbar ist (Vorgarten, Stellflächen etc.)

C. **"Streifraum" der Wohnung** - in einem Umkreis von ca. 200 Metern, der von Kindern in diesem Alter gerne zum Spielen genutzt wird:

* die Art der Bebauung
* die Art der überwiegenden Nutzung (reines Wohngebiet, Mischgebiet etc.)
* ob sich im Streifraum verkehrsreiche Straßen befinden
* ob größere Grünflächen und naturnahe Flächen vorhanden sind, was für Flächen das sind und wie groß sie sind
* ob es Wasser in der Nähe gibt: Brunnen, Bach, Weiher etc.
* was für Spielplätze es im "Streifraum" gibt
* ob Schulhöfe, Außenanlagen von Kindergärten vorhanden und zugänglich sind, ob es Bolzplätze gibt

Alle diese Merkmale haben sich in der Freiburger Untersuchung als höchst bedeutsam erwiesen. Sie wurden mit dem “Freiburger Soziotopen-Test (FST)” zu einer Kennziffer zusammengefaßt, mit der sich beschreiben läßt, in welchem Umfang ein Wohnumfeld für Kinder geeignet ist.

Die Kinder - bzw. die Wohnumfelder - in Langenlonsheim und Bretzenheim wurden nicht unter Repräsentanzgesichtspunkten ausgewählt, sondern so, daß einigermaßen homogene Gruppen gebildet werden konnten und auch Vergleiche mit der Freiburger Studie möglich sind. Bei der Auswahl wurden die durch die Elternbefragung ermittelte Aktionsraumqualität berücksichtigt und das Alter der Kinder. Unsere Untersuchung läßt also keine Schlüsse auf die Verteilung von Wohnumfeldern bestimmter Qualität in den Untersuchungsgebieten Langenlonsheim und Bretzenheim zu. Die Auswahl wurde so vorgenommen, daß durch einen Vergleich zwischen verschiedenen Gruppen deutlich wird, wie sich das Wohnumfeld - vermittelt über das Alter der Kinder - in der Einschätzung der Aktionsraumqualität niederschlägt. Gebildet wurden die folgenden Gruppen:

Für das Wohnumfeld-Inventar ausgewählte Kinder bzw. Wohnumfelder

Aktionsraumqualität	**Altersgruppen**	
	5 bis 11 Jahre	12 Jahre
“gut” (gut oder sehr gut)	82	7
“schlecht” (schlecht oder sehr schlecht)	34	0

Für Vergleiche mit der Freiburger Kinderstudie wurden die Fälle so gewichtet, daß die Anteile für “gute” und “schlechte” Aktionsraumqualität in den beiden Studien gleich sind: 42% = “schlecht” und 58% = “gut”.

III.1 Welche Merkmale unterscheiden bei 5- bis 11jährigen Kindern Wohnumfelder mit "guter" oder "sehr guter" Aktionsraumqualität von Wohnumfeldern, die als "schlecht" oder "sehr schlecht" eingestuft werden?

Diese Frage läßt sich durch die Ergebnisse einer Diskriminanzanalyse beantworten. Mit dieser Methode kann untersucht werden, ob die Zugehörigkeit zu einer bestimmten Gruppe bzw. Teilstichprobe durch eine multivariate Kombination von Merkmalen (Prädiktorvariablen) ausreichend gut prognostizierbar ist. Gleichzeitig läßt sich abschätzen, wie wichtig die berücksichtigten Merkmale für die Eingruppierung sind. Diese Methode ist dann sinnvoll, wenn die Prädiktorvariablen miteinander korrelieren und wenn man daran interessiert ist, den "Nettoeffekt" der einzelnen Prädiktoren einigermaßen realistisch einzuschätzen.
Die Diskriminanzanalyse wurde durchgeführt, um Antworten auf die folgenden Fragen zu bekommen:

(1) Ist auf der Grundlage der im Wohnumfeld-Inventar erhobenen Merkmale eine Zuordnung der Kinder zu den beiden Gruppen "gute" und "schlechte" Aktionsraumqualität möglich? Wie gut kann man auf der Basis der objektiv vorhandenen Umfeldmerkmale vorhersagen, wie Eltern die Aktionsraumqualität einschätzen?
(2) Welche Bedeutung haben die einzelnen Merkmale für die Differenzierung zwischen Wohnumfeldern, die als "gut" und "schlecht" eingestuft wurden? Und: Haben "Landeltern" andere Kriterien für eine "gute" Aktionsraumqualität als "Stadteltern"?

Die erste Frage läßt sich klar beantworten: Die Einstufungen der Eltern in "gute" und "schlechte" Aktionsräume sind durch die Wohnumfeld-Merkmale in hohem Maße reproduzierbar. Konkret bedeutet das, daß in den Aussagen über die Spielmöglichkeiten der Kinder im Nahraum der Wohnung die tatsächlichen Bedingungen weitgehend berücksichtigt wurden.[9]

Wie die zweite Frage zu beantworten ist, zeigt die Abbildung 10.

[9] Mit den berücksichtigten Merkmalen lassen sich 76% der Fälle korrekt den beiden Gruppen "gutes" und "schlechtes" Wohnumfeld zuordnen. Die Werte der Diskriminanzfunktion korrelieren hoch und signifikant mit den beiden Gruppen (R = 0,58).

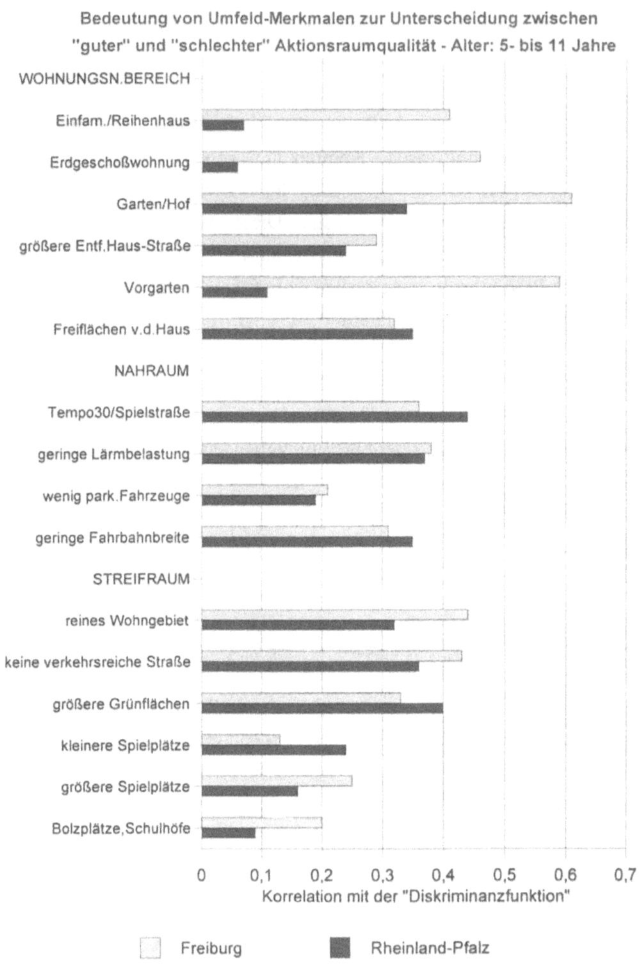

Abbildung 10

Folgendes wird deutlich:

(1) Auffällig ist, daß in den beiden Landgemeinden bestimmte Merkmale des unmittelbaren Wohnbereiches bei der Einschätzung der Spielmöglichkeiten keine sehr große Bedeutung besitzen. Ob jemand in einem Einfamilien- bzw. Reihenhaus wohnt oder in einer Erdgeschoßwohnung hat in Langenlonsheim oder Bretzenheim für die Aktionsraumqualität keine große Bedeutung. Hier zeigt sich ein deutlicher Unterschied zu der Gewichtung von Merkmalen in der Freiburger Studie: Für die Klassifikation eines Wohnumfeldes war es in Freiburg außerordentlich wichtig, wie ein Kind wohnt, ob in einem Einfamilien- bzw. Reihenhaus oder in einem mehrgeschossigen Mietshaus, ob im Erdgeschoß oder in einem höheren Stockwerk. Daß diese Merkmale in den beiden Landgemeinden eine so viel geringere Bedeutung haben, heißt natürlich nicht, daß sie unwichtig sind. Es ist nur so, daß die meisten Kinder in Langenlonsheim und Bretzenheim in Einfamilien- oder Reihenhäusern wohnen (57 Prozent). Nur 19 Prozent der Kinder wohnen in einem Haus mit drei Geschossen und fast 90 Prozent wohnen in einer Erdgeschoßwohnung mit direktem Zugang zum Außenbereich. Die Wohnverhältnisse sind in den ländlichen Gemeinden für viele Kinder einfach sehr viel günstiger als in der Stadt. Das ist der Grund dafür, daß diese beiden Merkmale nicht viel zur Unterscheidung zwischen "guter" und "schlechter" Aktionsraumqualität beitragen. In Freiburg hatten diese Merkmale des unmittelbaren Wohnbereichs eine sehr viel größere Bedeutung für die Einschätzung der Aktionsraumqualität. Das ergibt sich daraus, daß dieser Bereich in einer Stadt für sehr viel mehr Kinder problematisch ist: der Anteil von Kindern, die in Einfamilien- oder Reihenhäusern wohnen ist sehr viel geringer. Relativ viele Kinder wohnen in höheren Stockwerken und haben keinen sehr guten Zugang zum Außenbereich der Wohnung. Weniger wichtig als in Freiburg ist in den beiden Landgemeinden auch das Merkmal "bespielbarer Vorgarten ist vorhanden". Das ergibt sich daraus, daß im ländlichen Bereich wegen der deutlich anderen Bauweise (mehr Einfamilien-/Reihenhäuser - weniger Mietwohnungsbau) ein Vorgarten auch bei ansonsten wenig günstigen Bedingungen sehr viel häufiger anzutreffen ist. Nicht unwichtig ist in den beiden Landgemeinden das Merkmal "Hof oder Garten ist vorhanden", aber deutlich weniger wichtig als in Freiburg. Auch dieser Unterschied ergibt sich aus den unterschiedlichen Wohnbedingungen. Der Anteil der Kinder mit Spielmöglichkeiten in einem Garten oder Hof ist in der Stadt sehr viel geringer. Ungefähr gleich wichtig wie in Freiburg ist in den Landgemeinden das Merkmal "Freiflächen vor dem Haus sind vorhanden". Dieses Merkmal ist deshalb wichtig, weil es anzeigt, ob es zwischen Haus und Straße einen deutlichen Übergangsbereich gibt, der einerseits zum Spielen nutzbar ist, der andererseits aber auch eine Schutz- oder Pufferzone darstellt.

Der unmittelbare Wohnungsbereich in den beiden Gemeinden Langenlonsheim und Bretzenheim entspricht weitgehend den erwartbaren ländlichen Verhältnissen und ist im Durchschnitt selbst dann noch kinderfreundlicher als in der Großstadt Freiburg, wenn die Eltern insgesamt zu einer eher ungünstigen Einstufung neigen.

(2) Eine relativ große Bedeutung haben Merkmale, die für den Nahbereich um die Wohnung aufgezeichnet wurden. Das ist ein Umkreis von rund 50 Metern um die Wohnung. Am wichtigsten in diesem Bereich ist die Einschränkung von Spielmöglichkeiten durch eine ungünstige Temporegelung, also wenn es keine Tempo-30-Beschränkung bzw. Spielstraßenregelung gibt. In den beiden Landgemeinden leben sehr viel weniger Kinder in einem Wohngebiet mit verringerter Fahrgeschwindigkeit für den motorisierten Verkehr: 17 Prozent der Kinder wohnen an einer Spielstraße und 15 Prozent an einer Straße mit Tempo-30-Regel. In Freiburg sind diese Anteile deutlich höher: Bei 25 Prozent der Kinder liegt die Wohnung an einer Spielstraße und für 65 Prozent der Wohngebiete gilt die Tempo-30-Regel. Aus diesen Unterschieden läßt sich jedoch nicht unbedingt der Schluß ableiten, daß die Gefahren durch den Verkehr in den beiden Landgemeinden grundsätzlich größer sind. Alle anderen Indikatoren, die sich auf die Verkehrssituation beziehen, haben in den Landgemeinden günstigere Werte. 93 Prozent der Kinder wohnen an einer Straße mit geringer Fahrbahnbreite oder sie wohnen überhaupt nicht an einer Straße - in Freiburg beträgt dieser Anteil nur 73 Prozent; bei 76 Prozent der Landkinder konnten im 25-Meter-Bereich um die Wohnung nicht mehr als vier parkende Fahrzeuge beobachtet werden - in Freiburg ist dieser Anteil mit 54 Prozent deutlich niedriger. Insgesamt ist festzustellen, daß die Bedeutung von Belastungsfaktoren im Nahraum in die Bewertungen von "Landeltern" und "Stadteltern" ungefähr in der gleichen Weise eingeht. Beide Studien zeigen, daß eine gute Aktionsraumqualität in hohem Maße davon abhängt, daß die durch den Verkehr entstehenden Risiken gering und für Kinder überschaubar sind.

(3) Auch bezüglich der Bedeutung von Merkmalen aus dem Streifraum - Umkreis von ungefähr 200 Metern um die Wohnung - gibt es keine größeren Unterschiede zwischen den beiden Landgemeinden und der Stadt Freiburg. Besonders wichtige Merkmale in diesem Bereich sind: das Vorhandensein von größeren Grünflächen (dazu mehr in Kapitel V), keine verkehrsreiche Straße in der Nähe und eine nur geringe gewerbliche Nutzung im Streifraum. Ähnlich wie in Freiburg hat das Angebot an herkömmlichen Spielplätzen keine sehr große Bedeutung für die Aktionsraumqualität.

Tabelle 1: Wohnumfeld-Merkmale in Langenlonsheim/Bretzenheim und Freiburg (Angaben in Prozent)

Wohnumfeld-merkmale	Kinder in Langenlonsheim und Bretzenheim			Kinder in Freiburg		
	Aktionsraumqualität		insgesamt	Aktionsraumqualität		insgesamt
	gut	schlecht		gut	schlecht	
WOHNUNGSNAHER BEREICH						
Einfamilien-/Reihenhaus	55	56	55	39	13	28
Wohnung im Erdgeschoß	89	88	89	56	27	44
Garten oder Hof	98	83	91	92	68	81
mehr als 5 m von der Straße entfernt	82	68	76	85	69	78
Vorgarten vorhanden	62	59	61	82	47	68
bespielbare Freiflächen vor dem Haus	76	59	69	81	60	72
WOHNUNGSNAHER BEREICH (50m-Zone)						
Spielstraße oder Tempo 30	43	18	32	95	83	90
geringe Lärmbelastung	.	.	.	62	38	52
weniger als 4 parkende Fahrzeuge vor dem Haus	80	71	76	61	45	54
Fahrbahnbreite weniger als 6 m oder nicht an einer Straße	95	91	93	79	64	73
STREIFRAUM (200m-Zone)						
reines Wohngebiet	59	32	47	50	24	39
keine verkehrsreiche Straße im Streifraum	52	30	43	53	27	42

Wohnumfeld-merkmale	Kinder in Langenlonsheim und Bretzenheim			Kinder in Freiburg		
	Aktionsraumqualität		insgesamt	Aktionsraumqualität		insgesamt
	gut	schlecht		gut	schlecht	
größere zusammen-hängende Grünflächen	64	38	53	64	44	56
Bach, Flußlauf	24	21	22	4	1	3
Weiher, Teich	0	0	0	4	2	3
kleinere Spiel-plätze	7	0	4	17	11	15
größere Spiel-plätze	35	24	30	20	7	15
Bolzplätze und/oder Schulhöfe	28	24	26	16	6	12

III.2 Bestimmungsfaktoren für die Aktionsraumqualität: objektive Wohnumfeldmerkmale, Alter und Geschlecht

Es ist anzunehmen, daß die Einschätzung der Aktionsraumqualität durch die Eltern vor allem von zwei Faktoren abhängt: Zum einen von den tatsächlichen Gegebenheiten im Wohnumfeld und zum anderen von dem Alter ihrer Kinder. Sie werden berücksichtigen, welche Spielmöglichkeiten im Wohnumfeld vorhanden sind und ob ihre Kinder unzumutbaren Risiken ausgesetzt sind. In ihre Einschätzungen gehen aber auch Vorstellungen darüber ein, wie gut ihre Kinder mit Risiken umgehen können und da das sehr stark vom Alter abhängig ist, können bei gleicher objektiver Beschaffenheit des Wohnumfeldes die *Aussagen* darüber doch sehr unterschiedlich sein, je nachdem, wie alt die Kinder sind.

Objektive Wohnumfeld-Bedingungen und Aktionsraumqualität

Insgesamt wurden 16 Merkmale aus dem Wohnumfeld zur Klassifikation berücksichtigt. Auf dieser Grundlage wurde ein Wohnumfeld als "schlecht" eingestuft, wenn weniger als 25 Prozent der Merkmale beobachtet werden konnten; Wohnumfelder wurden als "durchschnittlich" klassifiziert, wenn 25 bis 50 Prozent der Merkmale vorhanden waren und in die Kategorie "gut" wurde das Umfeld einer Wohnung gruppiert, wenn mehr als 50 Prozent der Merkmale registriert wurden. Die untenstehende Abbildung 11 zeigt, daß die von uns erfaßten objektiven Wohnumfeldbedingungen genauso wie in der Freiburger Untersuchung in hohem Maße auch in die Einschätzungen der Eltern Eingang finden. Die Klassifizierung aufgrund von tatsächlich vorhandenen Bedingungen im Nahbereich der Wohnung korreliert erwartungsgemäß sehr stark mit der Einschätzung der Aktionsraumqualität durch die Eltern.
Die Korrelation ist zwar hoch, aber keineswegs perfekt. Das deutet daraufhin, daß auch noch andere Faktoren die Einschätzungen der Eltern beeinflußt haben.

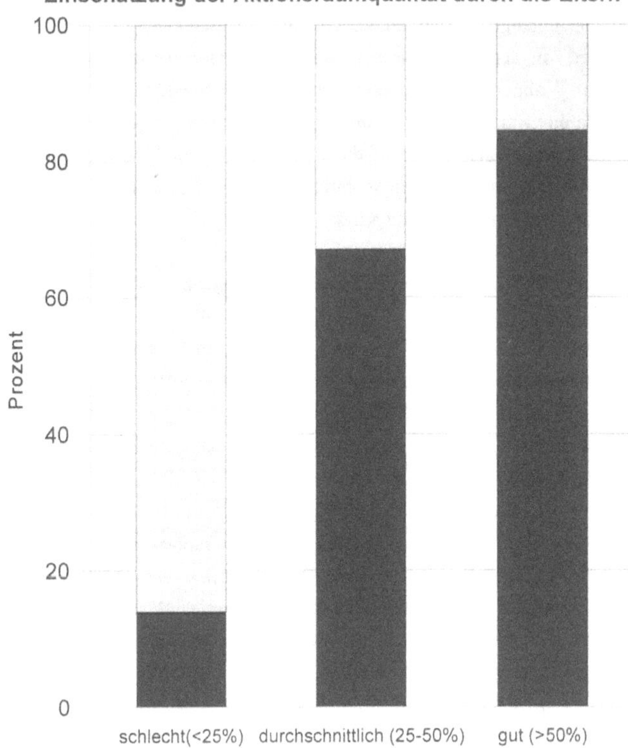

Abbildung 11

Alter und Aktionsraumqualität

Es ist zu erwarten, daß in die Beurteilung des Wohnumfeldes durch die Eltern nicht nur die objektiv meßbare Wohnumfeldsituation eingeht, sondern auch ihre Vorstellungen darüber, wie gut Kinder damit zurecht kommen, vor allem, wie gut sie mit Risiken umgehen können. Dabei spielt besonders das Alter eine wichtige Rolle. Erwartbar ist, daß mit zunehmendem Alter den Kindern mehr zugetraut wird. Wenn Eltern der Auffassung sind, daß ihr Kind noch keine ausreichende "Risikokompetenz" besitzt, werden sie vielleicht auch für ein relativ günstiges Wohnumfeld zu einer eher negativen Einschätzung kommen.
Die Abbildung 12 zeigt, daß diese Annahmen zutreffend sind: unter gleichen objektiven Wohnumfeldbedingungen wird die Aktionsraumqualität für ältere Kinder deutlich günstiger eingestuft als für die jüngeren Kinder.

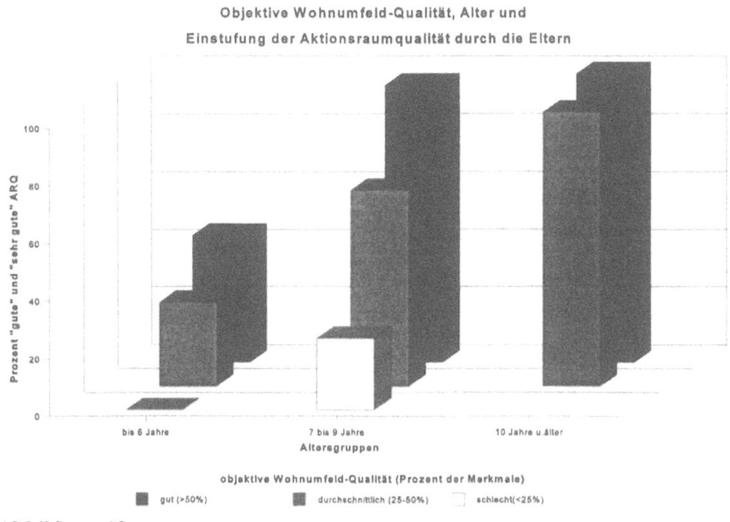

Abbildung 12

Bei einem als "schlecht" oder "sehr schlecht" eingestuften Wohnumfeld sind die Aussagen der Eltern über die Aktionsraumqualität in besonders starkem Maße von dem Alter ihrer Kinder abhängig. Und bei den älteren Kindern - im Alter von 10 bis 12 Jahren - werden die Einstufungen der Eltern nur noch sehr wenig durch die tatsächlichen Bedingungen des Wohnumfeldes beeinflußt.

Geschlecht

Oft wird vermutet, daß Mädchen im Außenbereich schlechtere Spielmöglichkeiten als Jungen haben. Begründet wird das durch die Annahme, die Spielbedingungen außerhalb der Wohnung seien eher auf die Interessen von Jungen zugeschnitten und die Interessen von Mädchen seien vernachlässigt. Denkbar wäre auch, daß Eltern gegenüber Mädchen ein stärkeres Bedürfnis nach Bevormundung zeigen und daß deshalb die Spielmöglichkeiten im Außenbereich für Mädchen negativer bewertet werden. Wie die Abbildung 13 zeigt, kann diese Vermutung nicht bestätigt werden. Die Eltern von Jungen schätzen die Aktionsraumqualität im Wohnumfeld nicht sehr viel anders ein als die Eltern von Mädchen.

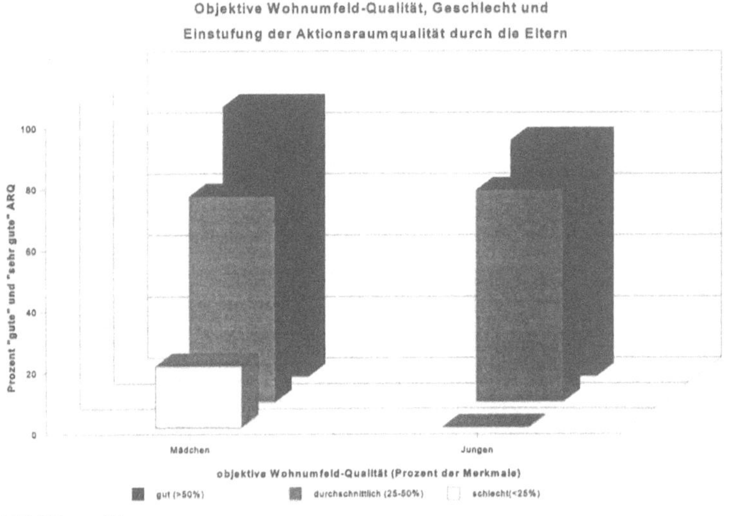

Abbildung 13

Zusammenfassend läßt sich folgendes feststellen: Eltern sind Experten für die Spielmöglichkeiten ihrer Kinder im Nahbereich der Wohnung. Die von ihnen unter verschiedenen Gesichtspunkten abgegebenen Einschätzungen bringen sehr gut die tatsächlichen Bedingungen im Wohnumfeld zum Ausdruck. Zusätzlich werden aber auch die Fähigkeiten der Kinder, sich außerhalb der Wohnung zurechtzufinden, berücksichtigt. Das zeigt sich daran, daß nicht nur die objektiven Umfeldbedingungen die Einschätzung der Aktionsraumqualität beeinflussen, sondern auch das Alter der Kinder in die Bewertungen Eingang findet.

Ein Vergleich mit der Freiburger Studie zeigt, daß insgesamt gesehen die Verhältnisse im ländlichen Raum nicht sehr viel anders sind als in der Stadt. Im einzelnen ergeben sich aber doch bedeutsame Unterschiede. In den Landgemeinden ist der unmittelbare Wohnbereich im Durchschnitt sehr viel kinderfreundlicher als in der Stadt. Temporegelungen und Beschränkungen für den motorisierten Individualverkehr sind dafür auf dem Land seltener. Allerdings ist auch die Verkehrsdichte geringer, so daß von einer fehlenden Temporegelung nicht immer auf eine hohe Belastung durch den Verkehr geschlossen werden kann.
Besonders hervorzuheben ist, daß in beiden Untersuchungsgebieten - in der Stadt, wie auch auf dem Land - die herkömmlichen Spielplätze einen nur sehr geringen Einfluß auf die Aktionsraumqualität haben. Sehr wichtig sind dagegen größere Freiflächen, Grünflächen oder naturnahe Spielorte im engeren Sinne. Dieser Gesichtspunkt wird in Kapitel V noch ausführlicher kommentiert.

III.3 Ist der Freiburger Soziotopen-Test zur Klassifizierung des Wohnumfeldes von Kindern für ländliche Gemeinden geeignet?

Der Freiburger Soziotopen-Test wurde entwickelt, um auf der Grundlage von objektiv beschreibbaren Merkmalen eine Einstufung von Wohnumfeldern nach Gesichtspunkten der Kinderfreundlichkeit zu ermöglichen. Dazu wurden die Umfeldmerkmale - Temporegelung, Freiflächen, Lärmbelastung usw. - mit den Einstufungen der Eltern und mit dem Verhalten der Kinder in Beziehung gesetzt und entsprechend gewichtet. Da die empirische Basis für die Entwicklung dieses Tests eine Untersuchung ist, die in einer Großstadt durchgeführt wurde, ist zu fragen, ob sich dieser Test auch für ländliche Gemeinden eignet. Die im vorhergehenden Abschnitt berichteten Ergebnisse zeigen, daß für die von den Eltern vorgenommenen Einschätzungen des Wohngebietes in Freiburg z.T. ganz andere Merkmale eine Rolle gespielt haben als in Langenlonsheim und Bretzenheim, z.T. haben die Merkmale aber auch die gleiche Bedeutung. In der Großstadt-Untersuchung erhielten Merkmale ein sehr viel größeres Gewicht, die etwas mit den unmittelbaren Wohnverhältnissen zu tun haben: Ob Kinder in einem Einfamilien-/Reihenhaus wohnen, ob die Wohnung im Erdgeschoß liegt, ob Zugang zu einem Garten, bzw. Hof besteht und ob es einen bespielbaren Vorgarten gibt. Diese Merkmale haben in den Landgemeinden ein sehr viel geringeres Gewicht, weil sie für die meisten Kinder gegeben sind. Man kann die Unterschiede so interpretieren, daß für die "ländlichen Eltern" gewisse Dinge so selbstverständlich sind, daß sie bei den Aussagen zur Aktionsraumqualität keine sehr große Rolle mehr spielen. Andere Merkmale des Wohnumfeldes werden dagegen in den Landgemeinden ganz ähnlich eingestuft wie in Freiburg: Alle Bedingungen, die etwas mit Risiken und Gefahren zu tun haben - fehlende Übergangs- und Pufferzonen zwischen Haustür und Straße, Verkehrsbelastungen durch ungünstige Temporegelung, verkehrsreiche Straßen und intensive gewerbliche Nutzung - aber auch das Fehlen oder Vorhandensein von Freiflächen hat in den beiden Untersuchungsgebieten eine ganz ähnliche Bedeutung.
Der Soziotopen-Test ist im Prinzip also durchaus auf die Situation in Langenlonsheim und Bretzenheim anwendbar. Wichtige Merkmale des Wohnumfeldes gehen mit ähnlicher Gewichtung in die Klassifizierung der Aktionsraumqualität ein und wo es Unterschiede gibt - insbesondere beim Wohnbereich - führt eine Einstufung von Wohnumfeldern mit dem FST in den Landgemeinden dazu, daß die als selbstverständlich geltenden Standards ein etwas größeres Gewicht erhalten als in den Einschätzungen der Eltern - es wird gewissermaßen in Erinnerung gerufen, daß kinderfreundliche Wohnbedingungen nicht überall selbstverständlich sind.

Damit die Ergebnisse für Langenlonsheim/Bretzenheim mit denen aus der Freiburger Studie vergleichbar sind, wurden die Fälle jeweils so gewichtet, daß sich für beide Untersuchungen die Anteile für eine repräsentative Stichprobe schätzen lassen. Die Abbildung 14 zeigt das Ergebnis der Anwendung des FST.

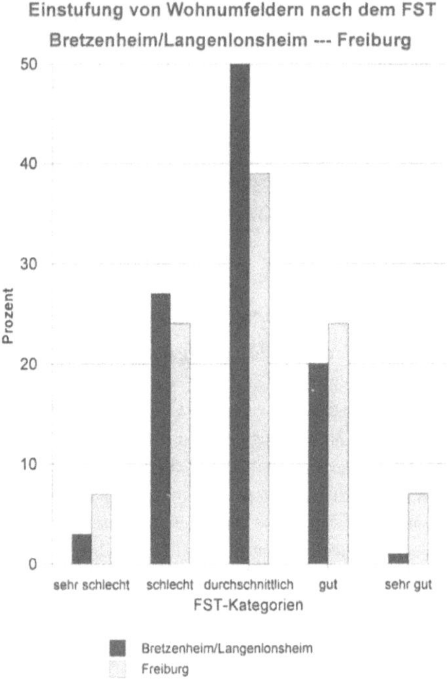

Abbildung 14

Es sind zwar Unterschiede zwischen den beiden Untersuchungsgebieten erkennbar, aber diese sind keineswegs dramatisch. In den beiden Landgemeinden ist der Anteil der mit "durchschnittlich" eingestuften Wohnumfelder deutlich höher als in Freiburg. In Freiburg ist dafür der Anteil von Kindern größer, die in einer Umgebung wohnen, die mit "sehr gut" und "gut" klassifiziert wurde. Andererseits aber ist in Freiburg der Anteil der mit "sehr schlecht" bewerteten Gebiete höher als in den beiden Landgemeinden.

Diese Ergebnisse sollten nicht überbewertet werden. Um überhaupt zu vergleichbaren Zahlen zu kommen, mußten die Ergebnisse aus nicht repräsentativen Stichproben für die Wohnumfeld-Inventare durch Gewichtung in Ergebnisse für eine repräsentative Stichprobe umgerechnet werden. Das ist zwar im Prinzip möglich, aber die dabei ermittelten Werte können nur als Hinweis auf Dimensionen verstanden werden. Der FST müßte auch an einer repräsentativen Stichprobe in Orten verschiedener Größenklassen überprüft und geeicht werden. Erst dann wird es möglich sein, ihn in einer sinnvollen Weise auf Gebiete mit z.T. sehr unterschiedlichen Lebensbedingungen anzuwenden.

IV. Kinderalltag und Aktionsraumqualität

In der Kindheitsforschung geht man davon aus, daß der Kinderalltag immer mehr von den folgenden Trends geprägt wird:[10]

1. Der Aufenthalt in Außenräumen verliert für viele Kinder zunehmend an Bedeutung und Binnenräume werden immer wichtiger. Man könnte hier von einer zunehmenden "Verhäuslichung von Kindheit" sprechen. Diese Entwicklung gibt es deshalb, weil Außenräume immer unattraktiver werden. Parallel dazu werden Binnenräume aber auch zunehmend attraktiver. Dazu leistet auch die Kinderindustrie einen Beitrag - mit dem rasant steigenden Angebot an Spielwaren und Ausstattung: es gibt sogar schon Abenteuerspielplätze für das Kinderzimmer.
2. Eine weitere Veränderung betrifft die Offenheit, die Gestaltbarkeit von Räumen. Wir können beobachten, daß offene und gestaltbare Räume unseren Kindern immer weniger zur Verfügung stehen und daß organisierte und kontrollierte Räume an Bedeutung gewinnen. Hier könnte man von einer Zunahme der "organisierten Kindheit" sprechen.
   Die Zeit, die Kinder in Organisationen verbringen, nimmt schon bei den Kleineren den bei weitem größten Teil des wachen Kinderalltags ein. Das liegt nicht nur an der Schulzeit, sondern auch daran, daß immer mehr Kinder an Kursen, Therapien und Betreuungen teilnehmen.
3. Ein dritter Trend besteht darin, daß reale Räume für den Kinderalltag an Bedeutung verlieren und fiktive oder simulierte Räume an Bedeutung gewinnen: Fiktionen und Simulationen in den Printmedien, im Fernsehen und in Computerspielen. In diesem Zusammenhang spricht man von einer Zunahme der "Medienkindheit".
4. Zugenommen hat auch der Typ der "verinselten Raumerfahrung": Kinder erfahren ihre Umwelt immer mehr als weit verstreute und durch große Entfernungen voneinander getrennte und unverbundene Teilräume.

In der Freiburger Kinderstudie konnte gezeigt werden, daß von diesen Trends keineswegs alle Kinder gleichermaßen betroffen sind. Man kann nicht generell von einer "Verhäuslichung" unserer Kinder sprechen; eine "organisierte Kindheit" spielt nicht für alle Kinder eine wichtige Rolle und es wäre falsch, wenn man davon ausginge, daß sich eine Art "Medienkindheit" für alle Kinder durchgesetzt hätte. Ob und in welchem Maße diese Entwicklungen den Kinderalltag prägen, hängt ganz entscheidend von den Bedingungen im unmittelbaren Wohnumfeld ab. Wir wollen nun zeigen, ob in den beiden untersuchten Gemeinden die Verhältnisse ähnlich sind wie im städtischen Bereich. Wir konzentrieren uns dabei auf die folgenden Fragen:

---

[10] Vgl. dazu: J. Zinnecker: Vom Straßenkind zum verhäuslichten Kind, in: I. Behnken (Hg.), Stadtgesellschaft und Kindheit im Prozeß der Zivilisation, Opladen 1990; H. Zeiher: Die vielen Räume der Kinder, in: U. Preuss-Lausitz et al. (Hg): Kriegskinder, Konsumkinder, Krisenkinder. Zur Sozialisationsgeschichte seit dem Zweiten Weltkrieg, Weinheim/Basel 1983; K. Neumann, M. Charlton: Kinder, Medienkonsum und Familienwelt, in: Zeitschrift f. Sozialisationsforschung u. Erziehungssoziologie, 1990, Heft 1

(1) Wie stark hängt die Zeit, die Kinder außerhalb der Wohnung mit und ohne Aufsicht verbringen von den Bedingungen im Wohnumfeld ab?
(2) Welche Bedeutung hat die Aktionsraumqualität für das Interesse am Fernsehen?
(3) Welche Nachfrage besteht nach außerschulischen Angeboten?
(4) In welchem Umfang wird ein Bedarf nach organisierter Betreuung durch Defizite im Wohnumfeld geschaffen?

Informationen über den Ablauf des Kinderalltags wurden in der Freiburger Kinderstudie über Tagebucheintragungen erhoben, die von den Eltern für drei aufeinanderfolgende Werktage angefertigt wurden. Eine derart aufwendige Methode konnte für die Untersuchung in den Gemeinden Langenlonsheim und Bretzenheim nicht eingesetzt werden. Als Ersatz dafür müssen wir auf Informationen zurückgreifen, die durch die Elternbefragung erhoben wurden. Mit dieser Methode sind natürlich nur sehr grobe Zeitschätzungen möglich. Die Freiburger Studie hat aber gezeigt, daß die Angaben der Eltern im Elternfragebogen sehr gut mit den im Prinzip sehr viel genaueren Tagebuchaufzeichnungen übereinstimmen.

Die Aktionsraumqualität im Wohnumfeld bestimmen wir bei den nachfolgenden Analysen durch die zu einem Index zusammengefaßten Einschätzungen der Eltern. Die im vorangegangenen Kapitel dargestellten Ergebnisse haben gezeigt, daß das sinnvoll ist und daß es sich bei den Aussagen der Eltern nicht um "bloß subjektive" Meinungen handelt: Diese Einschätzungen korrelieren in hohem Maße mit den durch Beobachter ermittelten objektiven Bedingungen im Wohnumfeld. Zusätzlich berücksichtigen die Eltern aber auch die Kompetenzen ihrer Kinder. Das ist insofern sehr wichtig, als es sinnlos wäre, von Aktionsraumqualität ohne Bezug auf ein Subjekt zu reden. Es gibt keine Aktionsräume schlechthin, sondern nur Aktionsräume im Hinblick auf die Interessen und Fähigkeiten von Akteuren.

IV.1 "Verhäuslichung von Kindheit": Wie lange spielen Kinder draußen ohne Aufsicht und unter Aufsicht?

"Draußen OHNE Aufsicht"

In Langenlonsheim und Bretzenheim sind Kinder der hier untersuchten Altersgruppe im Durchschnitt etwas länger draußen als in Freiburg: Die 5- bis 9jährigen spielen draußen ohne Aufsicht rund 70 Minuten pro Tag gegenüber rund 60 Minuten in Freiburg.
Die draußen ohne Aufsicht verbrachte Zeit variiert nur wenig mit dem Alter und mit dem Geschlecht. Auch das Alter der Eltern hat wenig Einfluß auf die Zeit, die Kinder unbeaufsichtigt im Außenbereich zubringen. Signifikante Einflußfaktoren sind dagegen die Familiensituation -

die Kinder von Alleinerziehenden sind etwas weniger draußen ohne Aufsicht - und vor allem die Aktionsraumqualität.[11]

Genau wie in der Freiburger Studie variiert die Zeit, die Kinder draußen ohne Aufsicht verbringen außerordentlich deutlich mit der Aktionsraumqualität. Für das Spielen draußen ohne Aufsicht reicht die Spannweite bei den Fünf- bis Neunjährigen von nur 36 Minuten im Durchschnitt pro Tag unter sehr schlechten Bedingungen bis zu 90 Minuten, wenn das Wohnumfeld für Kinder sehr gut geeignet ist. Bei sehr guter Aktionsraumqualität können Kinder dieser Altersgruppe also fast dreimal solange draußen ohne Aufsicht durch die Eltern spielen wie unter sehr schlechten Bedingungen (Vgl. Abbildung 15).

Beaufsichtigtes Spielen: "Draußen unter Aufsicht"

Auch die Zeit, die Kinder draußen unter der Aufsicht von Erwachsenen verbringen, hängt sehr stark von der Aktionsraumqualität ab. Unter sehr guten Bedingungen müssen Kinder praktisch gar nicht beaufsichtigt werden. Wenn das Wohnumfeld für Kinder sehr schlecht geeignet ist, werden Kinder im Durchschnitt fast eine Stunde pro Tag beim Spielen beaufsichtigt. Dabei spielt auch das Alter eine Rolle[12]: Es zeigt sich, daß die 10- bis 12jährigen praktisch überhaupt nicht mehr draußen beaufsichtigt werden. Auch unter ungünstigen Wohnumfeldbedingungen werden Kinder in dieser Altersgruppe nicht mehr beim Spielen von Eltern begleitet. Bei den jüngeren Kindern, 5 und 6 Jahre alt, muß jedoch ein beträchtlicher Betreuungsaufwand betrieben werden, wenn sich das Wohnumfeld nicht zum Spielen eignet: im Durchschnitt etwas mehr als eine Stunde pro Tag. Ist die Aktionsraumqualität dagegen gut, werden auch die jüngeren Kinder nur noch wenig beim Spielen betreut - im Durchschnitt rund 20 Minuten pro Tag.

---

[11] Die Zahl der Fälle ist in der Rheinland-Pfalz-Studie leider zu gering, um durch eine mehrdimensionale Tabelle zu untersuchen, wie sich die Aktionsraumqualität in Verbindung mit anderen Merkmalen wie Alter, Geschlecht und Haushaltstyp auf die draußen verbrachte Zeit auswirkt. Diese Frage läßt sich aber über eine Regressionsanalyse beantworten. Die Regressionsanalyse ist eine Methode, mit der sich untersuchen läßt, wie gut ein bestimmtes Merkmal - z.B. die draußen ohne Aufsicht verbrachte Zeit - durch eine Kombination von anderen Merkmalen geschätzt werden kann. Gleichzeitig läßt sich durch sogenannte beta-Koeffizienten beschreiben, welche relative Bedeutung die einzelnen Prädikatorenmerkmale für die Ermittlung von Schätzwerten besitzen. Die draußen ohne Aufsicht verbrachte Zeit wird von der Aktionsraumqualität (ß = 0,42) und von der Familiensituation beeinflußt - Kinder von Alleinerziehenden sind etwas seltener draußen (ß = -0,14). Das Alter des Kindes, das Geschlecht und das Durchschnittsalter der Eltern haben keinen Einfluß.

[12] Eine multivariate Regressionsanalyse (vgl. Anm. 11) zeigt, daß die Aktionsraumqualität (ß = -0,28) und das Alter (ß = -0,30), nicht aber das Geschlecht des Kindes, das Alter der Eltern und die Familiensituation (Alleinerziehende/Zweielternfamilien) einen Einfluß auf die draußen unter Aufsicht verbrachte Zeit haben.

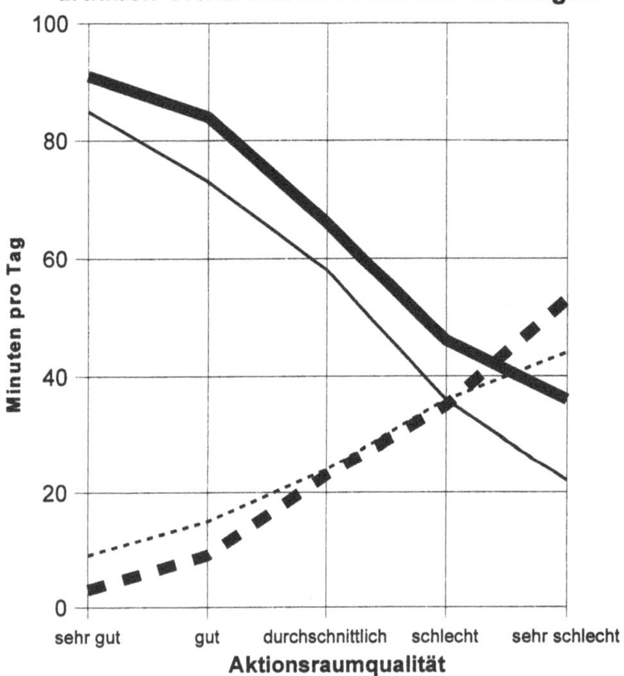

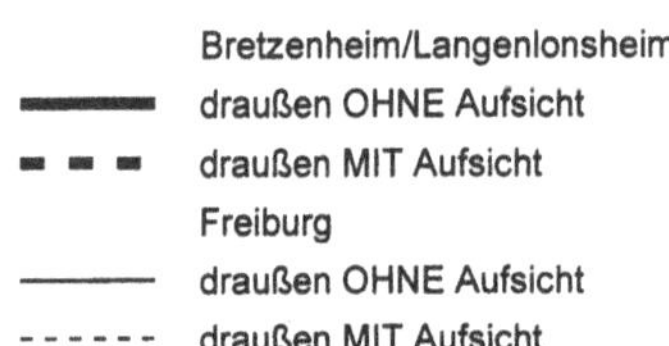

Abbildung 15

IV.2 Aktionsraumqualität und Medienkindheit?

Nahezu alle Kinder (94 Prozent) nutzen das Fernsehen - rund zwei Drittel der Kinder praktisch jeden Tag. Die durchschnittliche Fernsehzeit pro Tag beträgt rund 40 Minuten. Da die Eltern nur nach dem Tagesablauf an Werktagen gefragt wurden und am Wochenende die Fernsehzeit von Kindern bekanntlich länger als an den Schultagen ist, dürfte der Durchschnitt über die ganze Woche gerechnet deutlich höher liegen - vielleicht bei rund einer Stunde.
Die wichtigsten Einflußfaktoren sind das Alter und das Geschlecht. Jungen sitzen im Durchschnitt sehr viel länger vor dem Fernseher als Mädchen: rund 45 Minuten pro Tag gegenüber ungefähr 30 Minuten. Mit zunehmendem Alter steigt auch die Fernsehzeit: von rund 30 Minuten pro Tag in der jüngsten Altersgruppe auf circa eine Stunde bei den Zwölfjährigen.

Die für das Fernsehen aufgebrachte Zeit läßt sich nicht durch die Aktionsraumqualität erklären. Das ist einerseits ein überraschendes Ergebnis, andererseits mußte aber auch damit gerechnet werden, denn die Freiburger Untersuchung hat gezeigt, daß ein deutlicher Zusammenhang zwischen der Fernsehzeit und der Aktionsraumqualität nur zu beobachten ist, wenn das Bildungsmilieu der Eltern berücksichtigt wird. In Familien mit gehobenem Bildungsmilieu ist der Fernsehkonsum von Kindern durchweg niedriger und die Qualität des Wohnumfeldes hat keinen Einfluß auf die Zeit, die Kinder vor dem Fernseher sitzen. Wenn die Aktionsraumqualität schlecht ist, werden die Kinder aus gehobenem Bildungsmilieu eher dazu angeregt, etwas anderes zu tun, z.B. einen Kurs zu besuchen oder in einem Sportverein zu trainieren. Ein deutlicher Einfluß der Aktionsraumqualität auf die Fernsehzeit von Kindern konnte nur festgestellt werden, wenn die Eltern einem einfachen Bildungsmilieu angehören. Es ist anzunehmen, daß die Verhältnisse in Bretzenheim und Langenlonsheim ähnlich sind. Leider können wir diese Vermutung nicht überprüfen, da in dem Elternfragebogen darauf verzichtet werden mußte, Indikatoren für das Bildungsmilieu der Eltern zu erheben.

IV.3 Teilnahme an außerschulischen Veranstaltungen

Ungefähr drei Viertel der Kinder aus Langenlonsheim und Bretzenheim (77 Prozent) besuchen am Nachmittag mindestens eine außerschulische Veranstaltung pro Woche. Sie gehen in einen Kurs, nehmen Nachhilfe oder gehen zum Training in einem Sportverein. Überraschend ist, daß dieser Anteil genauso hoch wie in Freiburg ist (ebenfalls 77 Prozent). Von einer Benachteiligung der Landkinder durch weniger Anregungen und Angebote kann also keine Rede sein. 26 Prozent der Kinder nutzen Angebote einmal pro Woche, 34 Prozent zweimal und 17 Prozent mehr als zweimal pro Woche. Auch diese Anteile sind praktisch dieselben wie in Freiburg und auch zwischen den beiden Gemeinden Langenlonsheim und Bretzenheim sind die Unterschiede nur gering.

Die Nutzung außerschulischer Angebote variiert vor allem mit dem Geschlecht und mit dem Alter. Die Mädchen sind etwas eifriger als die Jungen: 88 Prozent von ihnen besuchen mindestens eine außerschulische Veranstaltung pro Woche; von den Jungen dagegen nur 66 Prozent. In Freiburg war der Unterschied zwischen Jungen und Mädchen deutlich geringer. Die Nachfrage nach Angeboten am Nachmittag steigt mit dem Alter: Von den 10- bis 12jährigen besuchen 83 Prozent mindestens eine außerschulische Veranstaltung pro Woche, von den 5- und 6jährigen nur 71 Prozent. Eine ähnliche Altersabhängigkeit der Nachfrage konnte auch in Freiburg beobachtet werden.

Auch die Aktionsraumqualität spielt eine gewisse Rolle. Der Tendenz nach werden außerschulische Angebote eher nachgefragt, wenn die Aktionsraumqualität gut oder sehr gut ist. Wenn die Bedingungen im Wohnumfeld sehr schlecht sind, nehmen nur 63 Prozent der Kinder ein solches Angebot wahr, unter sehr guten Bedingungen dagegen 88 Prozent. Die Gründe dafür sind weniger die Interessen der Kinder, als die mit Kursbesuchen verbundenen Transportprobleme. Bei guter oder sehr guter Aktionsraumqualität können sehr viel mehr Kinder aus eigener Kraft, also ohne Hilfestellung der Eltern, zu einem Veranstaltungsort kommen. Sind die Bedingungen dagegen ungünstig, müssen die Eltern einen erheblichen Aufwand betreiben, um die Kinder ins Training oder in einen Kurs zu bringen. Nur 7 Prozent der Kinder mit sehr schlechter Aktionsraumqualität können ohne Hilfe der Eltern den Veranstaltungsort erreichen gegenüber 44 Prozent der Kinder unter sehr guten Bedingungen.
Ein ungünstiges Wohnumfeld verhindert also nicht nur spontanes und unkontrolliertes Spielen außerhalb der Wohnung. Es ist auch mit weiteren Benachteiligungen verbunden. Kinder bleiben länger abhängig von der Transportbereitschaft und -möglichkeit der Eltern und sie können deshalb weniger von Anregungen profitieren, die von außerschulischen Veranstaltungen angeboten werden.

IV.4 Aktionsraumqualität und "organisierte Kindheit" - Wohnumfeld und Bedarf nach einer organisierten Nachmittagsbetreuung

Ein wichtiges Ergebnis der Freiburger Untersuchung war, daß auch der Bedarf nach einer organisierten Betreuung am Nachmittag sehr stark von der Aktionsraumqualität im Umfeld der Wohnung abhängt - und zwar unabhängig von der Familiensituation: in Zweielternfamilien stieg der Betreuungsbedarf bei schlechten Wohnumfeldbedingungen genauso wie bei Alleinerziehenden.

Es zeigt sich, daß dieser Zusammenhang auch in den Gemeinden Langenlonsheim und Bretzenheim besteht. In den beiden Gemeinden werden 12 Prozent der Kinder am Nachmittag in einer Einrichtung betreut - sieben Prozent an einem oder zwei Tagen und fünf Prozent an drei Tagen und mehr. Der Anteil der Kinder, die an einer Nachmittagsbetreuung teilnehmen, hängt sehr stark vom Alter ab: Von den 10- bis 12jährigen geht keiner mehr in eine Nachmittagsbetreuung, von den jüngeren Kindern dagegen 36 Prozent.

Die Abbildung 16 zeigt, daß der Bedarf nach einer organisierten Nachmittagsbetreuung auch sehr stark von der Aktionsraumqualität im Wohngebiet abhängt. Da die Anzahl der Alleinerziehenden in unserer Stichprobe zu gering ist, werden die Ergebnisse nicht nach der Familienform aufgeschlüsselt, sondern nur für die Kinder aus Zweielternfamilien berichtet. Unter sehr schlechten Wohnumfeldbedingungen werden fast 30 Prozent der Kinder am Nachmittag in einer Einrichtung betreut. Sind die Bedingungen im Nahraum der Wohnung dagegen so günstig, daß Kinder unbesorgt draußen spielen können, gehen weniger als fünf Prozent der Kinder regelmäßig in eine Nachmittagsbetreuung. Der für Langenlonsheim und Bretzenheim beobachtete Zusammenhang ist nahezu der gleiche wie in Freiburg. Auch in Freiburg stieg der Anteil der betreuten Kinder aus Zweielternfamilien mit sinkender Aktionsraumqualität. Allerdings sind die Betreuungsquoten in Freiburg insgesamt etwas höher als in den beiden Landgemeinden.

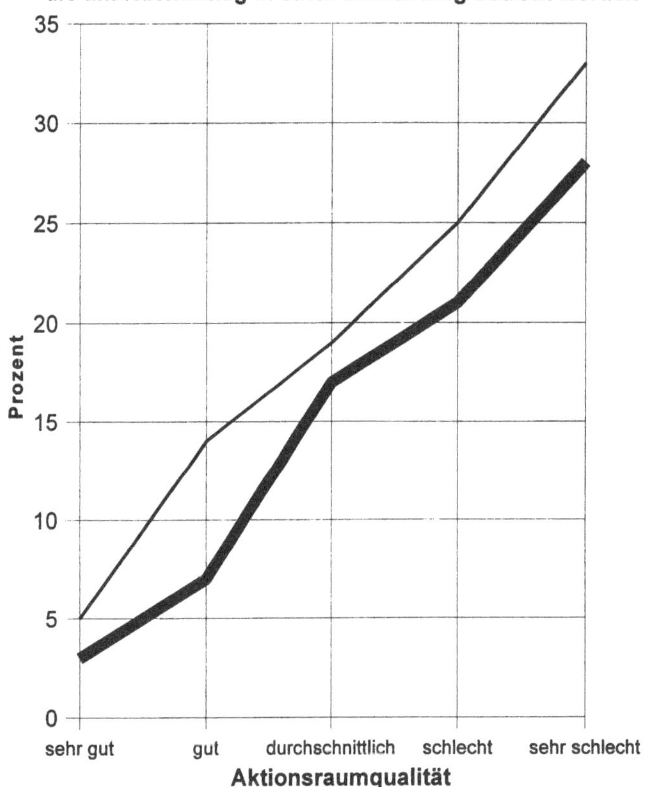

Abbildung 16

IV.5 Zusammenfassung: Kindheitstypen und Aktionsraumqualität

Unsere Analysen lassen sich folgendermaßen zusammenfassen: In der Kinderstudie für die Gemeinden Langenlonsheim und Bretzenheim konnte gezeigt werden, daß wichtige Aspekte des Kinderalltags außerordentlich stark von den Bedingungen im unmittelbaren Wohnumfeld der Kinder geprägt werden: Je besser die Aktionsraumqualität ist, desto häufiger spielen Kinder draußen ohne Aufsicht, desto seltener werden sie beim Spielen außerhalb der Wohnung von ihren Eltern beaufsichtigt und desto seltener wird für sie eine organisierte Nachmittagsbetreuung nachgefragt. Die Unterschiede zwischen verschiedenen Ausprägungen der Aktionsraumqualität sind nicht nur in einem statistischen Sinne hochsignifikant, sie sind auch außerordentlich deutlich und müssen deshalb als ein wichtiges Signal verstanden werden. Ähnlich wie in der Großstadt Freiburg ist in den beiden Landgemeinden für rund 25 Prozent der Kinder die Aktionsraumqualität im Umfeld der Wohnung schlecht oder sehr schlecht. Sie können kaum draußen spontan und unbeaufsichtigt spielen. Und wenn sie sich draußen aufhalten wollen, so geht das fast nur, wenn jemand von den Eltern oder eine andere Aufsichtsperson dabei ist. Für diese Kinder wird auch besonders häufig eine organisierte Nachmittagsbetreuung nachgefragt, d.h. der Typ der "organisierten Kindheit" hat sich für einen großen Teil dieser benachteiligten Kinder durchgesetzt. Unsere Untersuchungen zeigen, daß es vor allem die tatsächlichen Bedingungen im Wohnumfeld sind, die diese Benachteiligung entstehen lassen. Sie wirken sich zwar mit zunehmendem Alter immer weniger benachteiligend aus, aber in der für die geistige, motorische und soziale Entwicklung so überaus wichtigen Altersphase von ca. fünf bis zehn Jahren, wird diesen Kindern in einer drastischen Weise ein hohes Maß an Lebensqualität entzogen und es ist zu befürchten, daß damit auch die Entwicklungschancen nachhaltig beeinträchtigt werden.

Um diese Ergebnisse noch deutlicher herauszuarbeiten - und um die Verantwortlichen auch an ihre eigene Kindheit zu erinnern, die im allgemeinen wohl ganz anders verlaufen ist, haben wir unsere Indikatoren für den Kinderalltag zusammengefaßt und drei "Kindheitstypen" gebildet (vgl. Abbildung 17)[13]:

[13] Die Zusammenfassung erfolgte durch eine Faktorenanalyse mit den Variablen "Zeit draußen ohne Aufsicht", "Zeit draußen mit Aufsicht" und "organisierte Nachmittagsbetreuung". Die drei Variablen korrelieren hoch miteinander und haben auf dem Faktor "Kindheitstyp" sehr hohe Ladungen (>0,60).

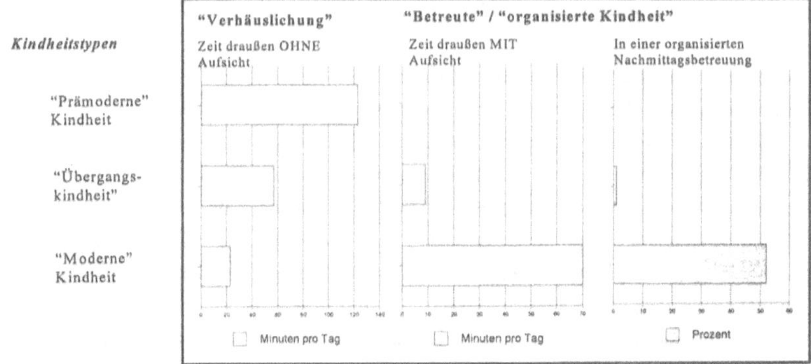

Abbildung 17

"prämoderne Kindheit"

Dieser Typ bezeichnet einen Kinderalltag, der vor allem durch spontanes und unbeaufsichtigtes Spielen mit Gleichaltrigen außerhalb der Wohnung geprägt ist - im Durchschnitt rund zwei Stunden pro Tag; durch keine Beaufsichtigung durch die Eltern; durch das Fehlen einer organisierten Nachmittagsbetreuung. Rund ein Drittel der Kinder in Langenlonsheim und Bretzenheim entsprechen diesem Typ. Die Art und Weise, wie Kinder dieses Typs ihren Kinderalltag verbringen, entspricht eher einem traditionellen Muster. Uns erschien deshalb die Bezeichnung "prämoderne Kindheit" als geeignet und wir nehmen an, daß die meisten Eltern und die für Kinderpolitik Verantwortlichen recht gut nachvollziehen können, was die wesentlichen Merkmale dieses Typs von Kindheit sind, denn sie werden ihre Kindheit wohl ganz ähnlich verbracht haben.

"Übergangskindheit"

Bei diesem Typ ist die draußen ohne Aufsicht verbrachte Zeit deutlich geringer und liegt im Durchschnitt bei 60 Minuten pro Tag; die Beaufsichtigung durch Eltern hat noch keine sehr große Bedeutung - im Durchschnitt weniger als 10 Minuten und auch nur sehr wenige Kinder dieses Typs besuchen am Nachmittag eine Betreuungseinrichtung (1 Prozent). Bei 44 Prozent der Kinder in den beiden Landgemeinden verläuft der Kinderalltag nach diesem Muster.

"moderne Kindheit"

Kinder dieses Typs spielen kaum noch spontan und unbeaufsichtigt außerhalb der Wohnung - im Durchschnitt rund 20 Minuten. Und wenn sie überhaupt draußen spielen, dann fast nur, wenn

Eltern oder andere Betreuungspersonen dabei sind - sie werden im Durchschnitt rund 70 Minuten pro Tag draußen beim Spielen beaufsichtigt. Auch der Bedarf nach Einrichtungen, die für die Nachmittagsbetreuung zuständig sind, ist in dieser Gruppe überaus groß. Mehr als die Hälfte dieser Kinder nehmen an einer organisierten Nachmittagsbetreuung teil. Da sich bei diesen Kindern die Trends, die in der Kindheitsforschung als charakteristisch für die Situation moderner Kinder gelten, in hohem Maße durchgesetzt haben, ist die Bezeichnung dieses Typs als "moderne Kindheit" durchaus zutreffend. "Modern" ist dieser Typ von Kindheit auch insofern, als er durch die für unsere moderne Lebensweise charakteristischen Bedingungen produziert wird: durch das hohe Verkaufsaufkommen, die autogerechte Umgestaltung der Wohnquartiere und die Herstellung von spezialisierten Räumen für Kinder. In Langenlonsheim und Bretzenheim entsprechen rund ein Viertel der Kinder diesem Typ.

Wie bereits deutlich ausgeführt wurde, hängt die Art und Weise, wie Kinder ihren Alltag verbringen, in hohem Maße von den Wohnumfeldbedingungen ab. Das wird auch ersichtlich, wenn die vorhin beschriebenen Kindheitstypen mit der Aktionsraumqualität in Beziehung gesetzt werden. Es sind nicht irgendwelche therapierbare Einstellungen der Kinder oder der Eltern, die dazu führen, daß die Kindheit nach einem bestimmten Muster verläuft, sondern Bedingungen im Umfeld der Wohnung, die wir mit dem Begriff Aktionsraumqualität beschrieben haben und die sich durch politische Entscheidungen verändern lassen. Rund zwei Drittel der Kinder mit einer sehr schlechten Aktionsraumqualität im Umkreis ihrer Wohnung entsprechen dem Typ "moderne Kindheit". Sind die Bedingungen dagegen kinderfreundlich, ist der Anteil der Kinder mit einem Kinderalltag nach dem Muster "moderne Kindheit" mit nur noch fünf Prozent außerordentlich gering (vgl. Abbildung 18).

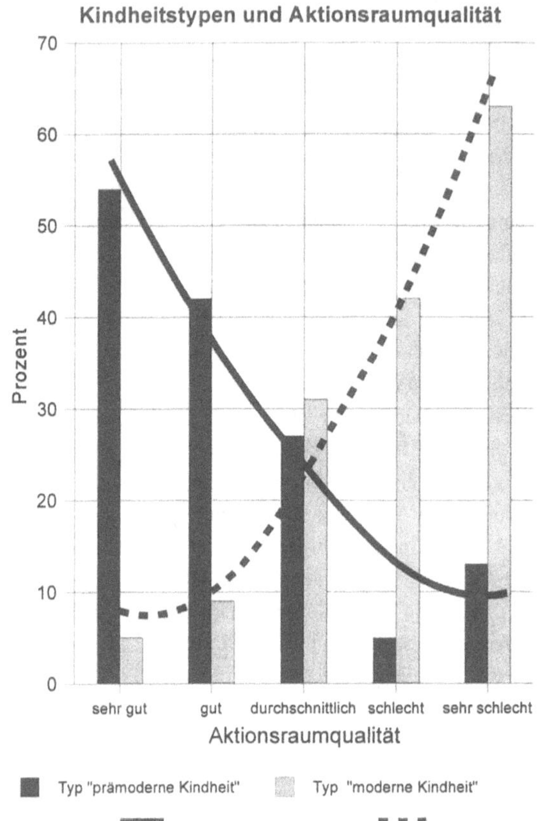

Abbildung 18

V. Naturnahe Spielorte

Naturnahe Spielorte sind etwas anderes als Spielplätze. Sie zeichnen sich dadurch aus, daß sie *nicht* in der üblichen Weise mit Schaukeln, Wippen, Kriech- und Wackeltieren möbliert sind. Solche Spielorte können kleinflächige Brachen im Ortsinneren sein - z.B. Baulücken - aber auch größere extensiv genutzte Flächen wie Wald, Wiese, Bach- und Flußufer. In diesen Räumen können Kinder mit Ästen, Gras, Boden, Steinen, Wasser und Schlamm umgehen. Sie können und müssen etwas herstellen und sind nicht auf fertige Angebote angewiesen. Sie können aus eigenem Antrieb etwas entdecken und mit allen Sinnen die Natur erleben und ihre Gesetzmäßigkeiten und jahreszeitlichen Abläufe erfahren. Naturnahe Spielorte werden immer seltener. Sie wären in einem zunehmend von Simulationen und Fiktionen beherrschten Kinderalltag eine Gegenwelt von nicht zu unterschätzender Bedeutung.

Hier soll nun untersucht werden, welchen Stellenwert solche naturnahen Spielorte in den untersuchten Gemeinden Langenlonsheim und Bretzenheim haben. Naturnahe Spielorte sind natürlich ein wichtiger Aspekt, wenn das Wohnumfeld von Kindern beschrieben werden soll. Und an verschiedenen Stellen, wurde bereits - eher indirekt - gezeigt, welche Bedeutung sie haben. Wir haben uns entschlossen, diesem Thema ein eigenständiges Kapitel zu widmen und zwar aus den folgenden Gründen:

(1) Die für das Bundesland Rheinland-Pfalz in den Gemeinden Langenlonsheim und Bretzenheim durchgeführte Kinderstudie sollte als Replikation eines Teils der Freiburger Kinderstudie durchgeführt werden. Auf diese Weise sollte deutlich werden, ob und in welcher Weise es einen Unterschied in der Situation von Stadtkindern und Landkindern gibt. Wir haben die Untersuchungsergebnisse deshalb zunächst einmal so dargestellt, daß Vergleiche mit der Freiburger Untersuchung sehr stark im Vordergrund stehen. Da in der Freiburger Studie naturnahe Spielorte nicht explizit untersucht wurden, erschien es uns sinnvoll, diesem Thema ein eigenständiges Kapitel zu widmen.

(2) Dafür spricht aber auch das Interesse des Auftraggebers, der in verstärktem Maße auf dem Gebiet der naturnahen Spielorte initiativ werden will und der ein Interesse daran hat, Alternativen zu dem herkömmlichen Typ des möblierten Spielplatzes aufzeigen zu können.

Unser Bericht über die Forschungsergebnisse zum Thema "naturnahe Spielorte" gliedert sich wie folgt:

(1) Zunächst wird gezeigt, was Eltern unter "naturnahen Spielorten" verstehen, wie von ihnen diese Möglichkeit bewertet wird und in welchem Umfang ihre Kinder diese Orte bereits nutzen.

(2) Dann stellen wir dar, in welchem Umfang es im Umfeld von Wohnungen tatsächlich naturnahe Spielorte in erreichbarer Nähe gibt und es wird gezeigt, welche Bedeutung das Vorhandensein oder Fehlen solcher Möglichkeiten für die Aktionsraumqualität besitzt.

(3) Abschließend wird untersucht, wie sich das Fehlen oder Vorhandensein von naturnahen Spielorten auf den Kinderalltag auswirkt.

V.1 Aussagen der Eltern über naturnahe Spielorte

In der Rheinland-Pfalz-Studie sollte untersucht werden, welche Bedeutung naturnahe Flächen als Spielorte für Kinder haben: ob solche Flächen im Umfeld der Wohnung vorhanden sind, was das für Flächen sind, ob diese Flächen genutzt werden und in welcher Weise sie in das Spielen der Kinder einbezogen werden. Zu diesem Themenkomplex wurde im Elternfragebogen eine ganze Serie von Fragen vorgelegt.

1. Gibt es naturnahe Spielorte im Umfeld der Wohnung? Was sind das für Spielorte?

Rund zwei Drittel der Eltern (68 Prozent) sind der Meinung, daß es in erreichbarer Nähe naturnahe Flächen gibt, die von ihren Kindern im Prinzip zum Spielen genutzt werden könnten. Zwischen den beiden Orten gibt es einen geringfügigen Unterschied. Die Eltern aus Bretzenheim berichten etwas häufiger über die Existenz solcher naturnaher Spielorte (76 Prozent gegenüber 63 Prozent). Dieser Anteil von zwei Drittel ist sicher recht hoch, kann aber andererseits nicht überraschen, da wir es in dieser Untersuchung mit zwei ländlichen Gemeinden zu tun haben.

Was verstehen die befragten Eltern nun unter "naturnahen Flächen, die Kinder zum Spielen nutzen können" (so lautete die Frageformulierung, vgl. Anhang 1)? Genannt werden:

1. landwirtschaftlich genutzte Flächen (39 Prozent)
darunter:
Wiesen, Äcker, Felder, Feldwege (34 Prozent)
Weinberge, Wege in Weinbergen (5 Prozent)
Gärten - es wird fast immer darauf hingewiesen, daß es sich um "verwilderte" oder "alte" Gärten handelt (5 Prozent)

2. Flächen, die gar nicht oder nur extensiv landwirtschaftlich genutzt werden (23 Prozent)
darunter:
Brachen (14 Prozent)
Bach- und Flußufer (9 Prozent)
Wald (3 Prozent)

3. Innerörtliche wenig oder gar nicht gepflegte Freiflächen (9 Prozent)
darunter:
Baulücken (7 Prozent)
Sonstige Grünflächen, die keine Parkanlagen sind - z.B. Grünfläche vor einer Lagerhalle (2 Prozent)

4. Freizeitflächen - also Flächen für Spiel- und Freizeitzwecke, die aber nur wenig gepflegt werden (10 Prozent)
darunter:
Spiel-, Bolz-, Sportflächen (9 Prozent)
Schulgelände (2 Prozent)
Parkanlagen (1 Prozent)
Bei diesen Nennungen ist nicht immer erkennbar, ob es sich wirklich um "naturnahe" Flächen handelt. In den meisten Fällen ist das jedoch der Fall, z.B. wenn gesagt wird, daß es sich um einen "wenig gepflegten Bolzplatz mit Wiesencharakter" handelt.

Leider gibt es zu dieser Frage keine Vergleichsmöglichkeiten mit der Freiburger Kinderstudie, aber es ist zu vermuten, daß Kinder in der Stadt kaum in vergleichbarer Weise die Chance haben, naturnahe Spielflächen zu nutzen.
Die Frage ist nun, ob und in welchem Umfang in Langenlonsheim und Bretzenheim diese Flächen wirklich genutzt werden.

2. Werden naturnahe Flächen zum Spielen genutzt?

Mehr als die Hälfte der Kinder in den beiden Gemeinden nutzen auch die von den Eltern genannten naturnahen Flächen als Spielorte (52 Prozent). Und wenn eine solche Möglichkeit in erreichbarer Nähe ist, dann ist die Chance auch sehr groß, daß sie genutzt wird: Drei Viertel der Kinder mit Zugang zu naturnahen Flächen (77 Prozent) spielen dort auch.

3. Was sind die Gründe dafür, daß naturnahe Flächen nicht zum Spielen genutzt werden?

Der Anteil der Kinder, die naturnahe Flächen zum Spielen nutzen, ist hoch: mehr als 50 Prozent aller Kinder und rund drei Viertel der Kinder mit solchen Flächen in der Nähe der Wohnung. Was sind nun die Gründe dafür, daß einige Kinder diese Möglichkeit nicht nutzen? Von den Eltern wurden die folgenden Gründe genannt:

1. Gefahren (44 Prozent)
darunter:
Gefahren, die eher beim Kind gesehen werden ("ist noch zu jung") (19 Prozent)
Hinweise auf Belästigungen durch andere (ältere Kinder, Alkoholiker) (17 Prozent)
Hinweise auf spezifische Gefahrenquellen, vor allem: "Flußufer" (11 Prozent)
Hinweise auf Verschmutzungen, vor allem: "Hundekot" (6 Prozent)

2. Fehlende Zugänglichkeit (33 Prozent)
darunter:
zu weit, schwer erreichbar (14 Prozent)
Weg dahin ist zu gefährlich (8 Prozent)
Zu intensive landwirtschaftliche Nutzung (6 Prozent)
Verbote (6 Prozent)

3. Fehlende Attraktivität (31 Prozent)
Kein Interesse, andere Spielorte sind attraktiver

4. Fehlende Interaktionschancen (9 Prozent)
Keine Spielkameraden, zu einsam

100 Prozent = 35 Kinder, die zwar naturnahe Spielorte im Umkreis ihrer Wohnung haben, diese aber nicht nutzen.

4. Was tun Kinder, wenn sie sich auf naturnahen Spielorten aufhalten?

Die herkömmlichen Spielplätzen mit ihrer Möblierung wurden in der Vergangenheit in vielfältiger Weise kritisiert. Sie sind nicht nur teuer und im Unterhalt aufwendig, sondern verfehlen in der Regel auch ihren Zweck. Das zeigen zumindest zahlreiche Untersuchungen, die zu diesem Thema durchgeführt wurden. Die Ausstattung von Kinderspielplätzen regt eher zu einfachen Bewegungs- und Funktionsspielen an. Ihre Funktion erschöpft sich meistens darin, daß sie einen Treffpunkt anbieten - für Kinder, aber auch für die Begleitpersonen (meistens Mütter). Für größere Kinder - schon ab 5 Jahre - sind die meisten Spielplätze nicht sehr attraktiv und wenn es Alternativen dazu gibt, werden diese im allgemeinen den öffentlichen Spielplätzen vorgezogen. Die Frage ist nun, ob naturnahe Spielflächen zu einem ganz anderen Spielverhalten anregen, ob differenzierteres, vielleicht auch kreativeres Spielen häufiger vorkommt als auf den herkömmlichen Spielplätzen. Diese Frage läßt sich nur durch Beobachten beantworten. Da wir im Rahmen dieser Untersuchung nicht mit der Beobachtungsmethode arbeiten konnten, zitieren wir einige Ergebnisse aus einer Untersuchung, die 1966 durchgeführt wurde. In dieser Studie konnte festgestellt werden, daß sich das Spielverhalten an Orten, die nicht speziell für Kinder eingerichtet wurden, signifikant von dem Spielen auf öffentlichen Spielplätzen unterscheidet.[14] Besonders wichtig für unser Thema sind die Unterschiede im Spielverhalten auf Naturspielplätzen und herkömmlichen öffentlichen Spielplätzen (Tabelle 2). Besonders interessant sind die Unterschiede nach dem "Grad der Komplexität des Spielens" und ob es sich um Einzel- oder Gemeinschaftsspiel handelt. Die Untersuchung zeigt, daß für öffentliche Spielplätze besonders der Typ des "einfachen Funktionsspiels" charakteristisch ist - rund 50 Prozent der Spielabläufe entsprachen diesem Typ. Auf Naturspielplätzen war diese einfache Spielform sehr viel seltener -

[14] H. Hetzer, L. Benner, L. Pée: Kinderspiel im Freien, Basel 1966

nur 20 Prozent der Spielabläufe wurden so klassifiziert. Sehr viel häufiger kamen dagegen komplexere Spielformen vor: 70 Prozent der beobachteten Spiele waren "erfolggerichtetes Spielen" oder bestanden darin, daß die Kinder eine "planmäßige Umwelterfahrung" gesucht haben, durch Beobachten, Sammeln oder Experimentieren. Auf öffentlichen Spielplätzen entsprachen diesen Spieltypen nur 34 Prozent der Abläufe. Auch Gemeinschaftsspiele konnten auf dem Naturspielplatz sehr viel häufiger beobachtet werden als auf dem öffentlichen Spielplatz.

Da uns Beobachtungsstudien im Rahmen dieser Untersuchung nicht möglich waren, versuchten wir Informationen über das Spielen der Kinder an naturnahen Spielorten über die Elternbefragung zu erhalten. Es ist jedoch sehr zweifelhaft, ob die dabei erzielten Ergebnisse gültig sind. Es ist ja geradezu der Sinn von naturnahen Spielorten, daß die Kinder dort ohne Aufsicht durch die Eltern spielen können. Die Eltern sollten eigentlich gar nicht allzuviel über das wissen, was ihre Kinder dort tun. Natürlich haben sie gewisse Vorstellungen und die Kinder werden ihnen das eine oder andere auch erzählen. Es dürfte aber sehr schwer sein, zwischen dem zu unterscheiden, was die Kinder tatsächlich tun und den Vorstellungen der Eltern darüber, was man tun könnte oder sollte. Wir schätzen die auf unsere Frage gegebenen Antworten jedenfalls so ein, daß es nicht sehr sinnvoll ist, sie in einer systematischen Weise auszuwerten.

Sehr häufig werden Tätigkeiten genannt, die zu naturnahen Spielflächen "passen", die man dort auch erwarten würde: Such-, Fangspiele, Bauen und Graben, Klettern, mit Wasser umgehen, im Wasser spielen, Sammeln und Ernten, sich treffen, Picknicken, Beobachten und Spazierengehen.

Die Eltern haben aber auch Tätigkeiten genannt, die man auf naturnahen Flächen gar nicht erwarten würde. Dazu gehört zum Beispiel "Fußballspielen". Diese Aktivitäten werden vor allem an Orten ausgeübt, die eher den Charakter von Freizeitanlagen haben und von den Eltern vielleicht etwas zu großzügig als "naturnahe Spielorte" eingestuft wurden.

Insgesamt ist zu sagen - trotz aller methodischer Probleme -, daß die Kinder sich auf den naturnahen Flächen mit einer großen Vielfalt verschiedenartiger, anregender und überwiegend kreativer Tätigkeiten beschäftigen. Das Spielgeschehen an diesen Spielorten unterscheidet sich in dieser Hinsicht sehr deutlich von dem, was sich normalerweise auf einem öffentlichen mit Geräten ausgestatteten Spielplatz beobachten läßt.[15]

---

[15] Zum Spielgeschehen auf öffentlichen Spielplätzen vgl. B. Blinkert: Aktionsräume für Kinder in der Stadt, Pfaffenweiler 1993 (Centaurus)
Für Vergleiche zwischen Spielplätzen und anderen Spielorten - u.a. naturnahen Flächen - vgl. Hetzer, Benner, Pée: Kinderspiel im Freien, Basel 1966

Tabelle 2: Spielverhalten auf einem öffentlichen Spielplatz und auf einem Naturspielplatz (Angaben in Prozent)

Spielmerkmale	öffentlicher Spielplatz	Naturspielplatz
I. Unterscheidung nach dem "Grad der Komplexität"		
1. Ausgeartetes Spielen (Formelemente fehlen, streiten, toben, sich stören)	2	4
2. Funktionsspiele (einfachste Formen, ständige Wiederholung einer Funktion, z.B. Radfahren ohne Ziel, Ziehen eines Nachziehtieres...)	51	20
3. Erfolggerichtete Spiele (in einem planmäßigen Spiel wird ein Ziel erreicht - z.B. Gestalten mit Materialien, Hüttenbau...)	28	46
4. Planmäßige Erweiterung der Umwelterfahrung (bewußte Auseinandersetzung mit der Umgebung, z.B. Beobachten, Sammeln, Experimentieren...)	6	24
5. Rollenspiele	13	6
	100	100
II. Einzelspiel und Spiel mit anderen		
1. Einzelspiel	43	19
2. Gemeinschaftsspiel	57	81
	100	100
Basis: Anzahl der beobachteten Spielabläufe	90	90

Quelle: Eigenberechnung nach Hetzer et al. aaO S. 43-45

V.2 Naturnahe Spielflächen und Aktionsraumqualität

Wenn so viele Kinder wie in Langenlonsheim und Bretzenheim einen naturnahen Spielort nutzen können - rund 50 Prozent -, dann ist zu erwarten, daß sich das auch in der Aktionsraumqualität niederschlägt. Bisher wurde dieser Aspekt noch nicht berücksichtigt. Sowohl die Einschätzungen der Eltern, wie auch die Merkmale des Wohnumfeldinventars gingen von den Gegebenheiten einer Stadt aus. Wir haben Aktionsraumqualität so operationalisiert wie sich das in der Freiburger Kinderstudie bewährt hat. Für Kinder in ländlichen Gemeinden besitzen aber naturnahe Spielorte eine besondere Bedeutung. Nun soll dieser wichtige Aspekt explizit in die Bewertungen aufgenommen werden. Dazu werden die einigermaßen sicheren Informationen über das Vorhandensein von naturnahen Flächen zusammengefaßt und sowohl mit den Aussagen der Eltern, wie auch mit den Informationen über den Ablauf des Kinderalltags in Verbindung gebracht.

Zusammenfassung der verläßlichen Information über naturnahe Spielorte im Umfeld von Wohnungen

Als verläßlich stufen wir die beim Wohnumfeldinventar erhobenen Informationen über größere zusammenhängende Naturflächen ein: Brachen, Wald, Wiese, Felder, Baulücken usw. Protokolliert wurde auch die Größe dieser Flächen. Maßstab für die Beobachter war die Größe eines Sportplatzes (Fußballfeld). Unterschieden wurde in:

- keine naturnahe Flächen (43 Prozent der berücksichtigten Wohnumfelder)
- naturnahe Flächen bis zu ca. einem halben Hektar (28 Prozent)
- naturnahe Flächen in der Nähe mit mehr als einem halben Hektar (29 Prozent).

Außerdem wurde berücksichtigt, um was für Flächen es sich nach den Auskünften der Eltern handelt:

- landwirtschaftlich genutzte Flächen (39 Prozent)
- Flächen ohne landwirtschaftliche Nutzung, bzw. mit nur extensiver Nutzung: Brachen, Wald, Fluß-, Bachufer (im Umfeld von 23 Prozent der Kinder)
- Freizeitflächen, die wenig gepflegt sind (10 Prozent)
- innerörtliche Freiflächen wie Baulücken (9 Prozent)

Wie wirkt sich das Vorhandensein von naturnahen Flächen auf die Einschätzung der Aktionsraumqualität durch die Eltern aus?

Die Abbildung 19 zeigt, daß das Vorhandensein oder Fehlen von naturnahen Spielflächen eine große Bedeutung für die Einschätzung der Aktionsraumqualität durch die Eltern besitzt.
Je größer diese Flächen sind, desto günstiger sind die Einstufungen durch die Eltern. Besonders deutlich ist der Effekt von nicht oder nur extensiv genutzten Naturflächen - Brachen, Wald, Fluß- und Bachufer. Aber auch landwirtschaftlich genutzte Flächen im Umfeld der Wohnung führen zu einer spürbaren Verbesserung der Aktionsraumqualität.

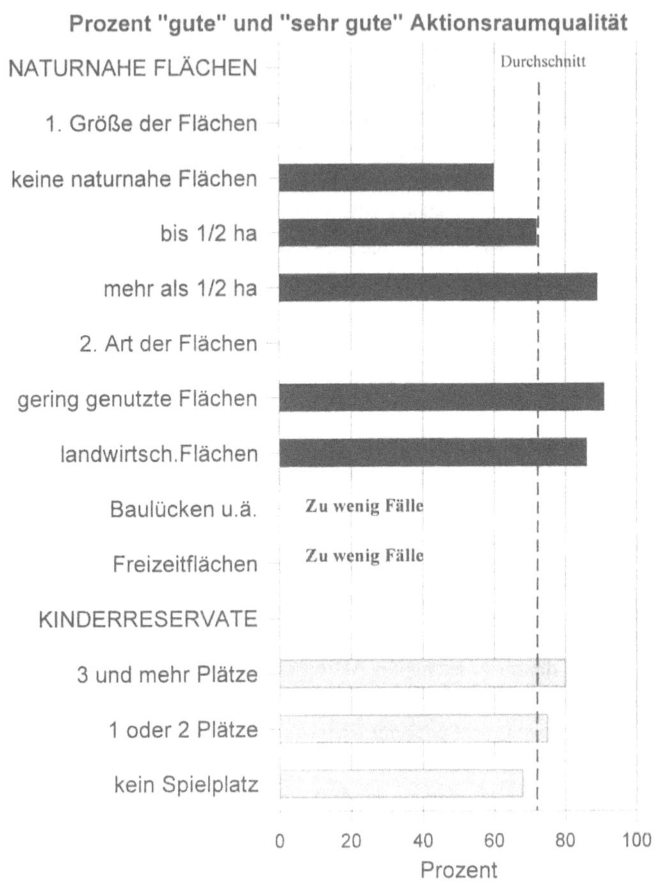

Abbildung 19

Bemerkenswert ist, daß das Vorhandensein von Kinderreservaten - Spielplätze oder Schulhöfe - keinen signifikanten Einfluß auf die Aktionsraumqualität besitzt.

V.3. Naturnahe Spielorte und Kinderalltag

In der Freiburger Studie und auch in der für die Gemeinden Langenlonsheim und Bretzenheim durchgeführten Untersuchung konnte gezeigt werden, daß wesentliche Aspekte des Kinderalltags in ganz erheblichem Maße von der Aktionsraumqualität im Wohnumfeld beeinflußt werden. In unserer Zusammenfassung haben wir drei Kindheitstypen vorgeschlagen: prämoderne Kindheit, Kindheit im Übergang und moderne Kindheit. Um die Bedeutung von naturnahen Spielflächen abzuschätzen, erscheint uns die Frage wichtig, ob sich das Fehlen oder Vorhandensein solcher Spielorte in einer signifikanten Weise mit diesen Typen des Kinderalltags in Verbindung bringen läßt. Das ist in der Tat der Fall, wie die Abbildung 20 zeigt. "Prämoderne Kindheit" bedeutet, daß Kinder sehr lange ohne Aufsicht draußen spielen - im Durchschnitt rund zwei Stunden pro Tag; daß sie beim Spielen außerhalb der Wohnung nicht von jemandem begleitet werden müssen und daß sie keine organisierte Nachmittagsbetreuung besuchen. Wo es naturnahe Spielflächen im Wohnumfeld gibt, ist dieser Typ des Kinderalltags deutlich häufiger anzutreffen als im Durchschnitt. Besonders hervorhebenswert ist die Bedeutung von Flächen, die nicht oder nur extensiv landwirtschaftlich genutzt werden. Wichtig ist auch, daß es überhaupt naturnahe Flächen im Nahbereich der Wohnung gibt. Wenn solche Flächen fehlen, kommt der Typ des prämodernen Kinderalltags deutlich seltener vor als im Durchschnitt.

Auch wenn Typen des Kinderalltags betrachtet werden, hat das Vorhandensein oder Fehlen von Kinderreservaten - öffentliche Spielplätze oder Schulhöfe - nur wenig Auswirkungen. Wenn es im Umfeld drei und mehr solcher Plätze gibt, ist zwar der Anteil von Kindern, die dem Typ "prämoderne Kindheit" entsprechen, höher als im Durchschnitt, aber wegen der geringen Fallzahl in der Kategorie "drei Plätze und mehr" ist dieser Unterschied statistisch nicht signifikant.

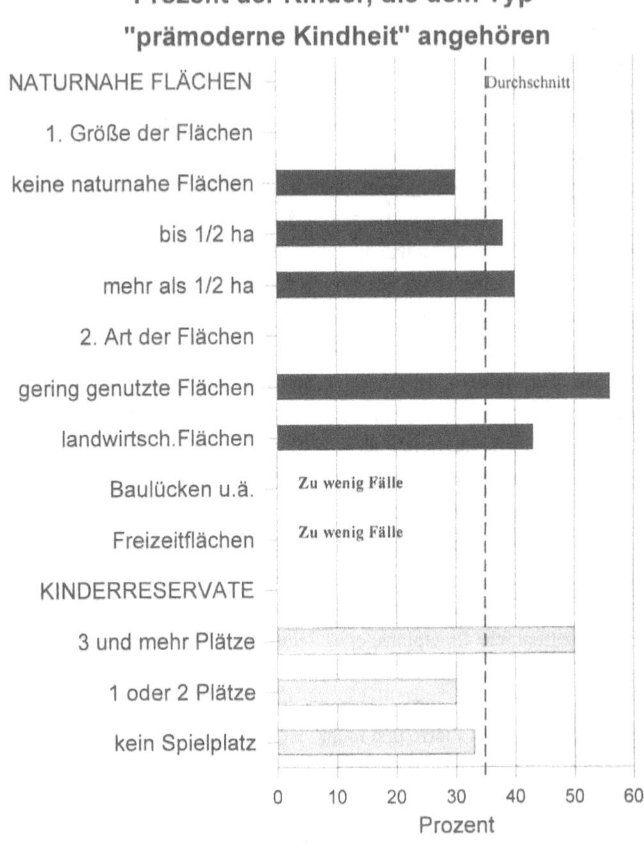

Abbildung 20

Insgesamt und zusammenfassend läßt sich folgendes feststellen:
In den beiden Gemeinden Langenlonsheim und Bretzenheim können sehr viele Kinder - etwas mehr als die Hälfte - auf naturnahen Flächen spielen. Wir konnten zeigen, daß diese Möglichkeit eine sehr große Bedeutung besitzt. Sie beeinflußt die Aktionsraumqualität und sie findet auch ihren Niederschlag im Spielverhalten der Kinder. Als besonders wichtig erweisen sich dabei nicht oder nur extensiv genutzte Flächen: Brachen, Wald, Fluß- und Bachufer. Wenn Kinder in ihrem Wohnumfeld solche Flächen in erreichbarer Nähe haben, verbringen sie ihren Alltag sehr viel eher außerhalb der Wohnung, zusammen mit Gleichaltrigen und ohne Aufsicht durch die Eltern.

VI. Zusammenfassung und Schlußbetrachtung

Aktionsraumqualität und Kinderalltag

Die im Auftrag des Ministeriums für Umwelt und Forsten in den beiden Gemeinden Langenlonsheim und Bretzenheim durchgeführte Untersuchung hat gezeigt, daß der Kinderalltag in hohem Maße von der Aktionsraumqualität im Wohnumfeld geprägt ist. Aktionsräume sind Territorien, die für Kinder zugänglich, gefahrlos und gestaltbar sind und wo es Interaktionschancen mit anderen Kindern gibt. Zur Klassifikation des Wohnumfeldes von Kindern haben wir den Begriff der Aktionsraumqualität eingeführt, mit dem sich diese vier Aspekte zusammenfassend beschreiben lassen. Die von uns gemessene Aktionsraumqualität bezieht sich auf zwei Sachverhalte: Zum einen gehen in die Beschreibung der Aktionsraumqualität die tatsächlichen Bedingungen im Wohnumfeld von Kindern ein. Besonders berücksichtigt wird, wie die Verkehrssituation aussieht und ob es private und/oder öffentliche Freiräume gibt, die von Kindern genutzt werden können. Zum anderen wird aber auch die Situation des Kindes berücksichtigt und da Interessen und Kompetenzen von Kindern sehr stark vom Alter abhängen, variiert die Aktionsraumqualität auch - ceteris paribus, also bei gleicher Wohnumfeldbeschaffenheit - mit dem Alter.

Die Verhältnisse in den beiden ländlichen Gemeinden sind nicht sehr viel anders als die in der Großstadt Freiburg, für die eine vergleichbare Untersuchung durchgeführt wurde. In Langenlonsheim und Bretzenheim verfügt ungefähr die Hälfte der Kinder im Grundschul- und Vorschulalter (5 bis 10 Jahre) im Wohnumfeld über eine gute oder sehr gute Aktionsraumqualität. In Freiburg ist dieser Anteil mit rund 40 Prozent nur wenig niedriger. Diese Kinder können ohne Bedenken der Eltern draußen spielen. Sie können eine größere Auswahl von verschiedenen Spielorten regelmäßig zum Spielen nutzen und Spielkameraden können aus eigener Kraft erreicht werden. Rund ein Viertel der Kinder aus Langenlonsheim und Bretzenheim leben jedoch in einem Wohnumfeld mit schlechter oder sehr schlechter Aktionsraumqualität - praktisch genauso viele wie in Freiburg. Sie können nur unter Aufsicht draußen spielen oder überhaupt nicht oder die Eltern haben große Bedenken, wenn ihre Kinder sich draußen aufhalten. Sie haben keinen regelmäßig nutzbaren Spielort oder nur sehr eingeschränkte Wahlmöglichkeiten. Spielkameraden sind nicht aus eigener Kraft erreichbar. Das Wohnumfeld dieser Kinder ist gefährlich oder langweilig und nicht selten beides.

Der Kinderalltag und damit auch die Lebensqualität von Kindern wird in hohem Maße durch die Beschaffenheit des Wohnumfeldes beeinflußt. Das gilt besonders für die jüngeren Kinder, für die Altersgruppe fünf bis acht Jahre. Bei guter Aktionsraumqualität sind nur wenig Anzeichen dafür erkennbar, daß sich die für den Alltag moderner Kinder als charakteristisch geltenden Trends durchsetzen. Insbesondere sind keine Anzeichen für eine Verhäuslichung und für eine

Tendenz zur "organisierten Kindheit" beobachtbar. Bei günstigem Wohnumfeld spielen Kinder sehr lange draußen mit Gleichaltrigen und ohne Aufsicht. Der Bedarf nach einer organisierten Nachmittagsbetreuung ist außerordentlich gering. Der Tagesablauf dieser Kinder entspricht einem Kindheitstyp, den wir als "prämoderne Kindheit" bezeichnet haben.
Ganz anders sieht der Alltag von Kindern aus, die in einem Wohnumfeld mit schlechter Aktionsraumqualität aufwachsen. Für diese Kinder hat sich ein Muster durchgesetzt, das wir als "moderne Kindheit" bezeichnet haben: Es wird kaum noch ohne Aufsicht und spontan mit Gleichaltrigen außerhalb der Wohnung gespielt. Und wenn Kinder sich draußen aufhalten, dann fast immer in Begleitung eines Erwachsenen. Auch der Bedarf nach einer organisierten Betreuung am Nachmittag ist unter diesen Bedingungen sehr hoch.
Um deutlich zu machen, wie wichtig die Aktionsraumqualität für den Kinderalltag ist und in welchem Ausmaß damit letztlich auch die für die Entwicklung von Kindern wichtigen Erfahrungen durch das Wohnumfeld festgelegt werden, sei hier noch einmal auf die überaus großen Unterschiede zwischen Wohnumfeldern mit guter und schlechter Aktionsraumqualität hingewiesen: Unter günstigen Bedingungen spielen Kinder im Durchschnitt rund 90 Minuten draußen ohne Aufsicht. Sind die Bedingungen ungünstig, reduziert sich diese Zeit auf eine halbe Stunde im Durchschnitt. Bei guter Aktionsraumqualität spielen Kinder im Durchschnitt weniger als zehn Minuten draußen unter Aufsicht der Eltern. Sind die Bedingungen dagegen schlecht, steigt die draußen unter Aufsicht verbrachte Zeit auf rund 50 Minuten an. Ist die Aktionsraumqualität sehr gut, werden weniger als fünf Prozent der Kinder am Nachmittag in eine organisierte Betreuungseinrichtung geschickt. Unter ungünstigen Bedingungen dagegen verbringen fast 30 Prozent der Kinder ihren Nachmittag in einer Einrichtung.

Aktionsraumqualität und Entwicklungschancen von Kindern

Welche Bedeutung die Aktionsraumqualität für den Kinderalltag besitzt ist aus diesen Ergebnissen klar erkennbar. Es ist auch zu erwarten, daß sich die damit verbundenen Unterschiede in den Erfahrungen und Lernmöglichkeiten auf die Entwicklungschancen von Kindern auswirken. Leider gibt es keine Möglichkeit, die damit verbundenen Fragen eindeutig zu beantworten. Es gibt keine Forschungen, in denen über einen längeren Zeitraum untersucht wird, welche Auswirkungen eine gute oder schlechte Aktionsraumqualität auf die Entwicklung von Kindern besitzt. Zu dieser Frage lassen sich nur Hypothesen formulieren. Wir vermuten, daß sich die Bedingungen im Wohnumfeld und die damit verbundene Strukturierung des Kinderalltags vor allem auf die Entwicklung von Phantasie und Kreativität auswirken. Es ist durchaus denkbar, daß alle wesentlichen Aspekte von Phantasie und Kreativität, die sich als Erkunden, Gestalten und Sinnstiften beschreiben lassen, davon betroffen werden.[16]

[16] Vgl. dazu Heinrich Popitz: Wege der Kreativität. Erkunden, Gestalten, Sinnstiften, Manuskript Veröffentlichung 1997 (Tübingen, Mohr/Siebeck)

(1) Erkunden: Tendenz zur Bedürfnisfixierung

Wenn Kinder im Vorschul- und Grundschulalter keine Möglichkeit zum Erkunden ihrer näheren Umgebung haben, ist zu befürchten, daß die für diese Altersphase typische Verlagerung von Sicherheits- zu Autonomiebedürfnissen zumindest behindert und verzögert wird. Es kommt vermutlich zu einer Art Bedürfnisfixierung: eine unzureichende Lösung von Sicherheitsbedürfnissen und ein geringes Interesse am Ausprobieren, Entdecken und Problemlösen. Wenn wir kreative und autonome Kinder wünschen, dann müssen wir ihnen eine offene und gestaltbare Umwelt anbieten, eine Umwelt in der sie etwas ausprobieren und verändern können.

(2) Gestalten: Konsumieren statt Herstellen - destruktive statt konstruktive Phantasien

Von allen Fachleuten wird betont, wie wichtig für Kinder im Vorschul- und Grundschulalter die Möglichkeit zum Herstellen ist - Herstellen von Dingen, aber auch soziales Herstellen, also Herstellen von Regeln und Beziehungen. Kinder, die diese Möglichkeit besitzen, können Selbstbewußtsein, Stolz auf die eigenen Fähigkeiten aber auch Einsicht in die Grenzen ihres Handelns gewinnen. Dazu sind anregende und offene Aktionsräume erforderlich.
Herstellen ist für Kinder im allgemeinen eine lustvolle Tätigkeit. Jeder, der sich noch ein bißchen an seine Kindheit erinnert, wird wissen, daß der Vorgang des Herstellens fast immer interessanter war als der spätere Umgang mit dem fertiggestellten Produkt. Oft ist es so, daß Kinder stundenlang und intensiv mit dem Vorgang des Herstellens beschäftigt sind - z.B. wenn sie eine Baumhütte bauen, oder ein Zelt aus Decken -, daß sie dann am Ende aber kein großes Interesse mehr haben, damit auch noch zu spielen. Sie überlegen dann oft, was man noch herstellen könnte, oder sie zerstören ihr Produkt. Der Vorgang ist oft, vielleicht sogar meistens, interessanter und spannender als der Umgang. Diese Erfahrung können viele Kinder heute nicht mehr machen. Sie können nur noch mit Dingen umgehen, z.B. mit einem funkgesteuerten Elektroauto. Und wenn sie bei einem solchen Ding den Vorgang des Herstellens genießen wollen, müssen sie den Prozeß rückläufig machen: Sie müssen das Elektroauto zerstören. In einer Welt mit unfertigen Dingen werden Kinder ganz sicher zum Herstellen angeregt, wird also ihre konstruktive Phantasie gefördert. In einer Kinderwelt der fertigen Dinge dagegen, wird vielleicht eher das Zerstören angeregt, werden eher destruktive Phantasien gefördert. Auch das könnte eine Konsequenz eines anregungsarmen und von Kindern nicht mehr gestaltbaren Wohnumfeldes sein.

(3) Sinnstiften: fehlende Erlebnisse - fehlende Bedeutungen

Auch eine weitere Vermutung bezieht sich auf die Kompetenz von Kindern, bzw. auf ein ganz bestimmtes Kompetenzdefizit. Es könnte sein, daß Kinder unter dauerhaft ungünstigen Aktionsraumbedingungen ein Defizit entwickeln, das dem Defizit der "Künstlichen Intelligenz" sehr ähnlich ist. Sie erwerben hochentwickelte formale Fähigkeiten, aber nur eine unterentwickelte Semantik. Sie können immer besser und differenzierter kommunizieren, aber sie wissen nicht, worüber - ihnen fehlen die Bedeutungen und Inhalte. Ein Symptom für dieses Defizit ist die Unfähigkeit zum Erzählen. Inhalte und Bedeutungen, also etwas Erzählenswertes, kann man nur erwerben, wenn man etwas erlebt. Viele Kinder leiden heute unter einem extremen Erlebnismangel. Welche Erlebnisse haben Kinder, worüber sollen sie etwas erzählen, welche Bedeutungen sollen sie erwerben, wenn sie sich den halben Nachmittag auf einem Spielplatz mit Rutschen, Wippen, Kriech- und Wackeltieren beschäftigt haben? Hier läßt sich in der Tat so etwas wie eine "Agonie des Realen" beobachten: An die Stelle von eigenen Erfahrungen treten immer mehr Erfahrungen aus zweiter Hand und Erfahrungen mit Simulationen.[17] Wie sich das auf die Art des Sinnstiftens auswirkt, hat der Kabarettist Dieter Hildebrand sehr anschaulich geschildert: Ein Kind fragt seine Mutter, was ein "liebliches Tal" ist und erhält die Antwort, das ist das, was wir in der letzten Fernsehsendung gesehen haben. Begriffe wie "liebliches Tal" erhalten ihren Sinn immer mehr aus einem formalen und simulierten Kontext und lassen sich immer weniger mit eigenen Erfahrungen und Erlebnissen in Verbindung bringen.

Empfehlungen

Die Frage ist nun, was Kommunen mit ihren Möglichkeiten tun können, um die Situation von Kindern zu verbessern und um negative Entwicklungen zu verhindern.[18] Bevor wir dazu konkrete Vorschläge machen, möchten wir zwei etwas allgemeinere Prinzipien vorschlagen:
(1) Kinderpolitik sollte nicht nur von Sozialexperten betrieben werden. Die Kommunen müssen Wege finden, auch Raumexperten sehr viel stärker an der Kinderpolitik zu beteiligen als das in der Vergangenheit geschehen ist. "Sozialexperten" sind Erzieher, Sozialpädagogen, Sozialarbeiter, Psychologen, Soziologen... In den kommunalen Verwaltungen sind sie meistens dem Sozialdezernat zugeordnet, sie sind im Sozial- und Jugendamt tätig, in sozialen Einrichtungen und in den Schulen. "Raumexperten" sind Architekten, Stadtplaner, Verkehrsexperten, Landschafts- und Grünplaner - also Fachleute, die in Baudezernaten, in Tiefbau- und Planungsämtern tätig sind, oder in entsprechenden freien Berufen.
Eine nur von Sozialexperten betriebene Kinderpolitik kann leicht sehr einseitig werden und an den Bedürfnissen der Kinder vorbeigehen - zumindest war das in der Vergangenheit so: Kinderpolitik im kommunalen Rahmen war und ist eigentlich noch immer weitgehend eine "Einrichtungspolitik". Es geht fast nur um Einrichtungen zur Betreuung, zur Beratung oder zur Behandlung von Kindern. Das alles ist vielleicht wichtig, aber eben nur ein Aspekt. Kinder

[17] Baudrillard, J.: Die Agonie des Realen, Berlin 1978

[18] Kurt Lüscher unterscheidet drei Grundformen der Politik für Kinder: Kinderpolitik als Bemühen um Fürsorge und Anwaltschaft; Kinderpolitik als Bemühen um Emanzipation; Kinderpolitik als Bemühen um eine Ökologie menschlicher Entwicklung. K. Lüscher: Politik für Kinder - Politik mit Kindern, hekt. Vortragsmanuskript 1996. Die von uns formulierten Vorschläge sind ein Beitrag zu einer "Kinderpolitik als Bemühen um eine Ökologie menschlicher Entwicklung".

haben ganz wichtige Bedürfnisse, die sich nicht durch noch so schöne Einrichtungen abdecken lassen - und dazu gehört natürlich das Bedürfnis nach Freiräumen. Um das zu berücksichtigen, müssen Sozialexperten sich mehr für die räumlichen Bedürfnisse von Kindern einsetzen. Aber das reicht nicht. Damit sich wirklich etwas ändert, müssen auch die Raumexperten an der Kinderpolitik beteiligt werden und in die Pflicht genommen werden und zwar in einer verbindlichen Weise. Und natürlich müssen die Kommunen sich um eine an den Bedürfnissen von Kindern orientierte Raumplanung bemühen.

(2) Um diese Verbindlichkeit zu sichern, wäre es nützlich, ein zweites Prinzip zu beachten: In die kommunale Kinderpolitik sollten Regelungen Eingang finden, die sich im Umweltschutz bewährt haben und immer größere Akzeptanz genießen. Es ist überhaupt nicht einsehbar, daß Kinder einen geringeren Schutz genießen sollen, wie Wollgräser, Wanderkröten und Beißschrecken. Regelungen aus dem Umweltschutz wie z.B. die Umweltverträglichkeitsprüfung oder der Biotopenschutz genießen immer mehr Akzeptanz und haben sich im großen und ganzen auch bewährt. Was spricht also dagegen, analoge Regelungen als zentrale Komponenten eines raumbezogenen Kinderschutzes zu übernehmen - als "Kinderverträglichkeitsprüfung" und als "Soziotopenschutz"? Sicher wird das zu Protesten herausfordern, weil damit ja auch neue Vorschriften und Regelungen in die Welt gesetzt werden. Aber wie sonst soll in einer hochgradig individualisierten Gesellschaft etwas durchgesetzt werden? Der Vorteil solcher Regelungen bestünde darin, daß es einigermaßen verbindliche und kalkulierbare Richtlinien gibt und vor allem wäre das eine Möglichkeit, die Raumexperten in einer verpflichtenden Weise in die kommunale Kinderpolitik einzubinden. Eine "Kinderverträglichkeitsprüfung" gibt es schon in einigen Städten. Über einen "Soziotopenschutz" müßte noch intensiver nachgedacht werden. Als Soziotop könnte man ein Gebiet klassifizieren, wenn es für das Aufwachsen von Kindern besonders wertvoll und wichtig ist. Da solche Gebiete immer seltener werden, sollte man sie sichern.
Hier ergeben sich gerade für ländliche Gemeinden noch gute Chancen. Unsere Untersuchung hat gezeigt, wie wichtig naturnahe Spielorte für die Aktionsraumqualität von Kindern sind und es würde sich anbieten, daß in den ländlichen Gemeinden eine gewisse Mindestausstattung mit naturnahen Spielorten innerhalb der Bauleitplanung gesichert wird.

Neben diesen allgemeinen Empfehlungen lassen sich durch die Ergebnisse der in den Gemeinden Langenlonsheim und Bretzenheim durchgeführten Studie auch eine Reihe von konkreten Vorschlägen begründen. Diese Vorschläge sind z.T. ähnlich wie die für die Stadt Freiburg formulierten Empfehlungen, z.T. ergeben sich aber auch andere Akzente.
Empfehlungen ergeben sich aus dem von uns durchgeführten Wohnumfeldinventar. Mit dieser Methode wurden Merkmale des Wohnbereiches in einem Umkreis von rund 200 Metern erfaßt und es wurde untersucht, welche Bedeutung diese Merkmale für die Aktionsraumqualität besitzen. Das Ergebnis ist eine Liste von Umfeldmerkmalen, für die wir ziemlich genau angeben

können, welchen Beitrag sie zu einer kinderfreundlichen Umwelt leisten. Eine Durchsicht dieser Liste ermöglicht Antworten auf die Frage, was in kommunalpolitischer Hinsicht für Kinder getan werden kann und welche Effekte zu erwarten sind:

(1) Wie in der Untersuchung für die Stadt Freiburg erweist sich das Vorhandensein oder Fehlen von Spielplätzen als ein Faktor, der zwar eine gewisse Bedeutung hat, aber der davon ausgehende Effekt auf die Spielchancen ist sehr gering.

(2) Ebenso wie in der Freiburger Studie erweist sich auch in der hier durchgeführten Untersuchung die Art und Weise der Verkehrsregelung und -belastung im Wohnbereich als ein außerordentlich wichtiger Faktor: welches Tempo gefahren werden darf, wie stark die Belastung durch parkende Fahrzeuge ist, welche Rolle der Durchgangsverkehr und das Verkaufsaufkommen spielen.

(3) Von großer Bedeutung ist auch, ob es im wohnungsnahen Bereich und im Streifraum (Radius von rund 200 Metern um die Wohnung) Freiflächen gibt, die von Kindern genutzt werden können. Besonders wichtig sind Freiflächen unmittelbar vor dem Haus und größere Grünflächen im 200-Meter-Umkreis.

Besonders wichtig ist es, daß die Gefährdung von Kindern durch den Straßenverkehr deutlich verringert wird. Dazu ist es erforderlich, die schon begonnene Politik der Verkehrsberuhigung konsequent fortzusetzen. Generell ist zu fordern, daß in den Wohnquartieren die Aufenthaltsfunktion des öffentlichen Raumes gegenüber der Verkehrsfunktion eindeutig den Vorrang gewinnt. Das läßt sich durch die Einführung von autofreien Straßenplätzen und Spielstraßen erreichen. Wo das nicht möglich ist, sollte zumindest Tempo 30 eingeführt werden, aber auch mit der nötigen Konsequenz: mit einer effektiven Kontrolle der Tempobeschränkung und mit einer Sperrung für den Durchgangsverkehr. Wichtig ist auch eine kinderfreundliche Gestaltung der Hauseingangsbereiche - die Schaffung von bespielbaren und sicheren Übergangszonen zwischen Haustür und Straße. Dafür gibt es interessante Vorschläge: Gehwegverbreiterung, Einbeziehung von Vorgärten, Schaffung kleiner Spiel- und Aufenthaltszonen im Umkreis des Hauseingangs.

Der öffentliche Bereich im Wohnumfeld muß für Kinder wieder zugänglich und gefahrlos werden - aber das allein ist nicht ausreichend. Der öffentliche Raum muß für Kinder auch wieder attraktiv und anregend werden. Unsere eigenen Untersuchungen in Freiburg und Rheinland-Pfalz aber auch andere Forschungen legen den Schluß nahe, daß sich dieses Ziel durch noch mehr Spielplätze oder durch eine noch aufwendigere Möblierung von Spielplätzen nicht erreichen läßt. Wenn man Kinder fragt, was sich an einem Spielort ändern sollte, so nennen sie zwar sehr oft irgendwelche Geräte: eine weitere Rutsche, eine Schaukel, noch ein Wackeltier... Aber das ist eigentlich nur ein Indikator dafür, daß schon eine Art Bedürfnisfixierung stattgefunden hat. Unsere Beobachtungen auf Spielplätzen in Freiburg und die Begehungen in Langenlonsheim und Bretzenheim haben auch gezeigt, daß diese Geräte für die meisten

Kinder nicht wirklich attraktiv sind. Wenn man Kinder genauer fragt und ihnen auch Alternativen zeigt, dann kommt meistens eine ganz andere Wunschliste zustande. Ganz oben stehen dann Abenteuer-, Aktiv- und Naturspielplätze - Orte also, die nicht durch TÜV-geprüfte und kindgerechte Geräte möbliert sind, sondern Orte, die eher Freiheit und Abenteuer versprechen.

Spielorte sollten Kindern die Möglichkeit zur Gestaltung bieten. Das setzt voraus, daß ihre Ausstattung nur sehr wenig auf bestimmte Zwecke festgelegt ist, daß es für Kinder möglich und notwendig ist, etwas zu verändern. Die herkömmlichen Spielplätze sind weit davon entfernt, dieses Prinzip zu verwirklichen. Die Möblierung dieser Plätze kostet sehr viel Geld und erreicht doch nicht den angestrebten Zweck. Wir haben der Stadt Freiburg deshalb vorgeschlagen, versuchsweise in einigen ausgewählten Wohngebieten die Spielplätze "zurückzubauen", sie in eine Art "Baulücke im fortgeschrittenen Stadium" zu verwandeln. Als erstes sollten alle Geräte abgeräumt werden. Dann sollte ein Bagger her und unter Beteiligung von Eltern und Kindern sollte ein interessantes Gelände gestaltet werden - mit verformbarer Erde, mit ein paar Hügeln aus Bauaushub, mit Vertiefungen, in denen sich Regenwasser sammeln und Matsch bilden kann. Die Vegetation sollte man sich selbst überlassen, vielleicht ein paar Wildsträucher, die auch etwas Nahrhaftes produzieren - auf keinen Fall Zierpflanzen. Nach Möglichkeit sollte es auch fließendes Wasser geben. Ein solcher Spielort sollte unbetreut sein. Wenn man Kindern nur die Möglichkeit dazu gibt, so können sie auch ganz gut ohne Animateure in einer kreativen Weise spielen. Dieser Vorschlag wurde mittlerweile ausprobiert und erwies sich als sehr erfolgreich. Alle Kriech- und Wackeltiere, alle die schönen und teuren und doch so nutzlosen Spielsysteme wurden abgeräumt und statt dessen gibt es Erdhügel, Lehm und Matsch, Wasserpfützen, bewegliche Gegenstände wie Steine und Hölzer, statt Zierpflanzen gibt es "Unkräuter" und robuste Pflanzen wie Weiden und Holunder. Auf den Spielplätzen, wo dieser Versuch unternommen wurde, hat sich dann auch tatsächlich eine beachtliche Eigendynamik entwickelt: Es wimmelt nur so von Kindern, die aus dem ganzen Stadtgebiet in diese noch sehr kleine Zahl von zurückgebauten Plätzen strömen. Es wird gespielt und gelacht und der Lärmpegel ist sogar so hoch, daß sich Nachbarn in einer Bürgerinitiative zusammenschließen, um die alten geordneten Zustände wieder herzustellen.

Die Erfahrungen in Freiburg zeigen, daß Spielorte dieses Typs für Kinder außerordentlich attraktiv sind. Auch für ländliche Gemeinden ist es sicher sinnvoll, sich an einem solchen Vorschlag zu orientieren und die vorhandenen Ressourcen in Form von naturnahen Flächen in einer ganz bewußten und gezielten Weise Kindern als Aktionsräume zur Verfügung zu stellen und zu erhalten.

Anhang A:

Begehung von Wohngebieten mit Kindern in Bretzenheim und Langenlonsheim

Christian Achnitz / Katja Schwab
Jürgen Spiegel / Lothar Zischke

I. Begehungen in Bretzenheim

Beobachter: Christian Achnitz

Protokollant: Jürgen Spiegel

Karte 1: Begehungsgebiete in Bretzenheim (A, B, C)

1.) Wohngebiet Ortskern ("A-Gebiet")

Die erste Begehung wurde am 4.10.96 mit Kindern aus dem Ortskern von Bretzenheim durchgeführt. Er wird im Osten von einer Bahnlinie und der dahinterliegenden Nahe begrenzt und im Westen von der Naheweinstraße, welche als B 48 den Ort in zwei Teile zerschneidet und sehr stark befahren ist. Der Ortskern zeichnet sich durch enge Straßen ohne Bürgersteige aus, die teilweise gepflastert sind. Charakteristisch sind alte Häuser mit Höfen, die durch Tore zur Straße hin abgeschlossen sind. Auf den Höfen stehen oftmals noch Scheunen oder andere Nebengebäude. Offensichtlich handelt es sich um ehemalige Bauernhöfe bzw. Weinbaugüter. Es gibt, zumindest zu dieser Tageszeit, sehr wenig Verkehr und auch die Zahl der parkenden Autos ist gering. Möglicherweise könnte die Zahl der Autos nach Feierabend um einiges höher liegen, da viele Einwohner Berufspendler sind. Der Dorfkern macht einen sehr "herausgeputzten" Eindruck, sehr sauber, viele renovierte Häuser und Blumen an den Straßen.

Insgesamt wurden acht Spielorte aufgesucht, sechs davon zeigten uns die Kinder, zwei wurden von uns bei der Vorbegehung ausgewählt. Es haben acht Kinder teilgenommen, die im Alter von drei bis neun Jahren waren. Zwei dieser Kinder schlossen sich spontan an; der dreijährige Bruder von Sven und die siebenjährige Jacqueline. Von acht Kindern waren sechs Jungen und zwei Mädchen. Ein Vater begleitete uns bei der Begehung.

Karte 2: Spielorte im A-Gebiet Bretzenheim

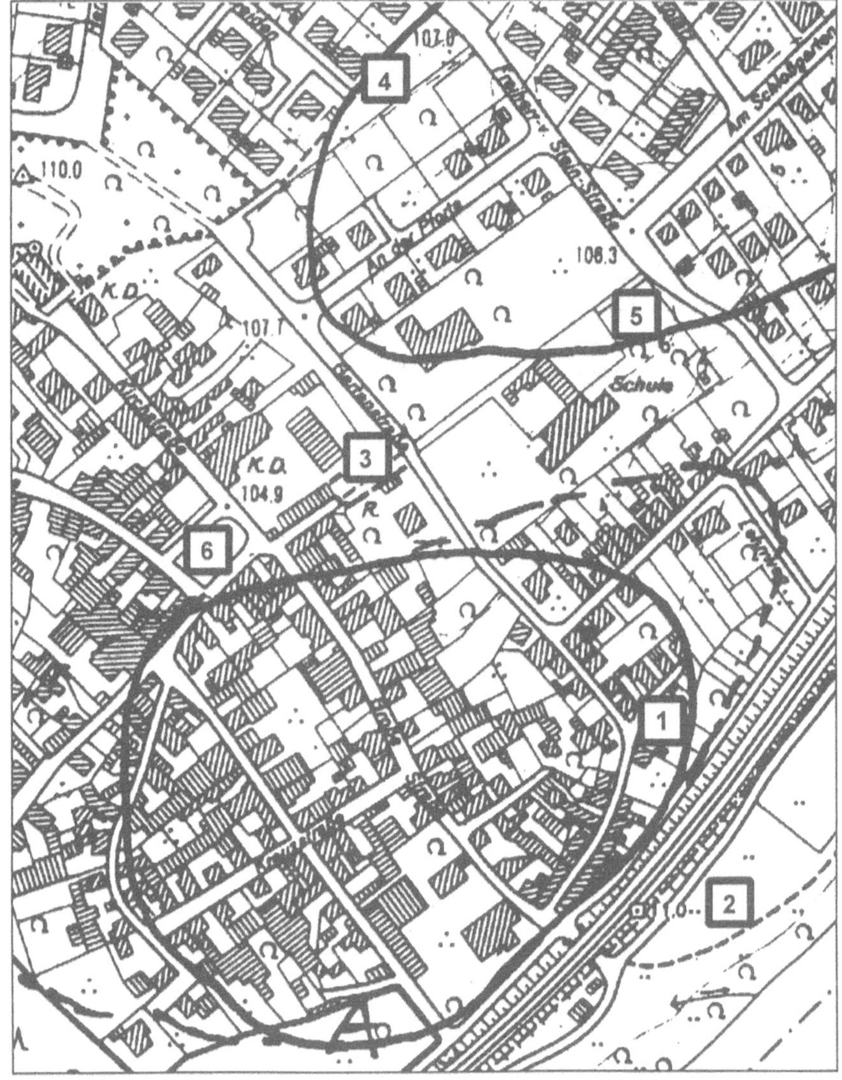

Der **erste** Spielort ist die Straße vor dem Wohnort der Brüder Alexander und Andreas, die uns diesen Platz auch gezeigt haben. Es ist eine Sackgasse ohne Durchgangsverkehr und ohne Bürgersteige. Die Brüder spielen hier Fußball und schaukeln auf einer Schaukel auf einer kleinen Freifläche am Ende der Sackgasse. Sie gaben allerdings an, dies nicht allzu häufig zu tun, weil sie lieber auf den nahegelegenen Bolzplatz gehen.

Der **zweite** Spielort ist ein Bolzplatz am Ufer der Nahe, zu dem uns die Kinder geführt haben. Man kann ihn erreichen, indem man eine Unterführung im Bahndamm benutzt. Er wird von allen Jungs der Gruppe öfter zum Fußballspielen frequentiert. Allerdings dürfen sie teilweise nicht alleine dorthin, da vor einiger Zeit ein Kind und ein Pferd in der Nahe ertrunken sind, die an dieser Stelle gefährliche Strömungen aufweist. Das direkte Ufer der Nahe und das dort befindliche Gebüsch wird von "unseren" Kindern als Spielort kaum genutzt, da die meisten dort nicht spielen dürfen. Dieser Bereich war von uns als sehr attraktiv beurteilt worden, da er sich für vielfältige Spielmöglichkeiten anbieten würde. Da wir nur Kinder bis zu neun Jahren in unserer Gruppe hatten, können wir allerdings nicht sagen, ob dieser "gefährliche" Bereich von älteren Kindern oder Jugendlichen aufgesucht wird.
Auf dem Bolzplatz selbst gaben die Kinder außer der Gefahr durch den Fluß noch weitere Beeinträchtigungen an. So wird das Gelände als Auslauf für Hunde genutzt und weist oft Verschmutzungen durch Hundekot auf. Außerdem werden die Kinder ab und an von älteren Kindern im Teenageralter gestört, die den Platz selbst nutzen. Als Manko empfanden die Fußballer die fehlenden Netze an den Toren des Bolzplatzes, der auch sonst einen wenig gepflegten Eindruck machte.
In Nachbarschaft zum Bolzplatz befindet sich noch eine Pferdekoppel, die ab und zu für Reitturniere genutzt wird. In der restlichen Zeit ist sie leer und dementsprechend uninteressant für die Kinder. Nur bei den Turnieren haben sie manchmal zugeschaut.

Bild Nr.1: Spielort 2

Der **dritte** Spielort ist eine Ruine in der Ortsmitte, die denkmalgeschützt ist und als Fußgängerdurchgang zwischen zwei Straßen hergerichtet ist. Es besteht eine Bepflanzung mit teilweise dornigen Büschen und schnellwachsenden Bodendeckern, die den freien, zum Spielen geeigneten, Raum verkleinert. Geländer trennen den mit Treppen versehenen Gehweg von der für Fahrräder vorgesehenen Rampe. Der Ort wird von uns vorgeschlagen.

Die Kinder geben an, hier öfter Fahrrad zu fahren und an der Sandsteinmauer hochzuklettern. Die zwei Brüder kommen erst nachdem die anderen ihnen etwas vorklettern auf die Idee, daß man ja hier auch klettern kann. Allerdings ist manchen Kindern schon des öfteren das Spiel an diesem Platz mit dem Hinweis auf seinen Denkmalschutz verboten worden. Als weiteres Ärgernis kommt der Hundekot hinzu, der hier oft zu finden ist. Als wir dort ankommen, turnen sie auch sofort an den Geländern, sehen das aber nicht als "Spielen" an. Dieser Ort wird von den Kindern nicht gezielt als Spielort aufgesucht, bietet aber - wenn auch verbesserungswürdig (spieluntaugliches Gebüsch) - Spielgelegenheiten auf dem Weg z.B. zur Schule oder zum Spielplatz.

Auf Nachfrage wünschen sich einige Kinder an diesem Platz lieber einen Spielplatz mit Klettergerüst und Rutsche. Jacqueline würde sich hier am liebsten ein "Traumhaus" bauen; das ist ein "kleines Haus mit Fähnchen und Blumen davor".

Bild Nr.2: Spielort 3

Der **vierte** Spielort ist ein Spielplatz, der ca. zweifache Tennisplatzgröße hat. Hier gibt es das übliche Sortiment an Geräten, in relativ langweiliger Anordnung: Rutsche, eine Schaukel in Pferdform, ein Sandkasten und eine andere Schaukel. Diese Geräte werden von den Kindern auch genutzt. Besonders interessant ist jedoch der Randbereich des Spielplatzes, der aus Büschen und Bäumen besteht und mit einer niedrigen Mauer zum Nachbargrundstück hin abschließt. In den Büschen kann man verstecken spielen und die Bäume werden zum Klettern genutzt. Durch die Büsche kann man auch zum Nachbargrundstück gelangen, das aus einer Pferdekoppel besteht. Dort füttert Jacqueline öfter die Pferde. An der teils verfallenen, z.T. einsturzgefährdeten Abschlußmauer werden lose herumliegende Steine dazu genutzt, ein "Haus" zu bauen. Dazu gehen Jacqueline und Miriam auch bis zum nahegelegenen Friedhof, um Wasser zu holen, das sie mit Sand gemischt als Baumaterial verwenden. Die Mauer wird von allen Kindern unserer Gruppe spontan bestiegen, darauf herumbalanciert, heruntergesprungen bzw. abgeklettert. Sie ist ein Rest der vormaligen Freiraum-Nutzung und wurde nicht bewußt zum Spielen errichtet.

Als besonders negativ fiel auf, daß der Spielplatz im Bereich der Büsche durch einen alten Stacheldraht begrenzt wird, der zwar ohne weiteres überwunden werden kann, im Fall eines Sturzes, etwa aus einem Kletterbaum, jedoch eine große Verletzungsgefahr birgt. Auch die Kinder gaben den Zaun als Gefahrenquelle an. Vermutlich wurde bei der Anlage des Spielplatzes nicht daran gedacht, daß die Kinder auch die mit Büschen bewachsenen Randbereiche zum Spielen nutzen. Weiterhin beschwerten sich die Kinder über Hundekot, speziell im Sandkasten. Danach gefragt, was sie auf dem Spielplatz vermissen, gab ein Kind einen Kletterturm an, ein anderes einen größeren Sandkasten.

Bild Nr.3: Spielort 4

Als **fünften** Ort führten uns die Kinder auf den zum Spielplatz nahegelegenen Schulhof. Er besteht aus einem ca. 20 x 20 m großen asphaltierten Pausenhof, einer größeren Wiese, auf der einige metallene Klettergeräte stehen und einer durch einen Zaun abgegrenzten Aschenbahn. Am Rand der Wiese sind Bäume, Büsche und ein paar Trampelpfade. Außerdem gibt es noch zwei weitere Wiesen im Bereich der Schule.

Bild Nr.4: Spielort 5

Bild Nr.5: Spielort 5

Die Jungs der Gruppe gaben an, auf dem Schulhof Fußball zu spielen. Die Mädchen spielten eher andere Ballspiele und "Pferd", d.h. ein Kind muß mit Zügel herumlaufen und wird von einem anderen Kind geführt. Ein weiteres Spiel, hauptsächlich in den Schulpausen ist "hickeln". Hierbei werden auf den Boden gemalte Felder benutzt, um auf einem Bein darauf zu hüpfen. Alle Kinder spielen gerne verstecken in den Hecken und Büschen, die den Platz begrenzen. Auf der Aschenbahn, die durch eine Lücke im Zaun zugänglich ist, werden auch Wettrennen durchgeführt.

Kritikpunkte der Kinder am Schulhof waren, daß der Spielplatz und die dortigen Geräte langweilig seien. Vermißt wurde ein Karussell. Den Vorschlag von uns, Hügel, Höhlen und mehr Verstecke auf dem Gelände anzulegen, fanden die Kinder gut. Der Asphaltplatz wurde als gefährlich beschrieben; Jacqueline hat sich auch schon einmal bei einem Sturz am Kinn verletzt. Die große Wiese am Rand des Schulgeländes darf von den Kindern nicht betreten werden, da die Hausmeisterwohnung daneben liegt. Auch der Bürgermeister hat die Kinder dort schon verscheucht. Er äußerte die Meinung, daß Kinder auf Spielplätzen spielen sollten, "die seien schließlich dafür da".

Unser Eindruck des Geländes ist, daß es eine relativ einfallslos gestaltete Raumstruktur aufweist. Es besteht aus ebenen Flächen, die wenig Anregung bieten. Der Randbereich ist durch seine Hecken und Büsche interessanter.

Die Spielgeräte machten einen desolaten Eindruck. Sie waren rostig und entsprechend gefährlich. Unter den vier bis fünf Meter hohen Kletterstangen bestand der Boden gar aus Beton. Der Platz mit den Geräten erinnerten eher an einen Militärübungsplatz, als an einen Spielplatz.

Als **sechsten** Spielort zeigten wir den Kindern noch den Brunnen auf dem Platz im Ortszentrum. Hier spielen die Kinder eigentlich recht gerne mit dem Wasser, spielen manchmal verstecken und sammeln Kastanien. Probleme bereitet die Einfassung des Brunnens mit Blumen, die den Zugang erschwert. Die Blumen führen auch dazu, daß die Kinder immer wieder verjagt werden, da die Pflanzen zertrampelt werden. Ein einfacherer Zugang, von uns vorgeschlagen, wurde begrüßt und ein größerer Brunnen mit mehr Wasser als Wunsch geäußert. Besonders Anwohner, aber auch der Bürgermeister traten hier schon häufig als Retter der Dorfverschönerung hervor. Anscheinend hat ein Preis beim Wettbewerb "Unser Dorf soll schöner werden" mehr Wert als ein kinderfreundliches Wohngebiet.

Bild Nr.6: Spielort 6

Als **letzten**, räumlich eher undefinierten Spielort gaben die Kinder die Straßen im Ortskern an. Hier fahren sie viel mit dem Fahrrad im Kreis herum und bemalen die Straße mit Kreide. Das ist auch gut möglich, da in der Tempo-30-Zone fast nur Anliegerverkehr herrscht. Es gibt zwar keine Gehsteige und das Dorf ist eng gebaut, aber durch den geringen Verkehr ist das kein Problem. Ein Mädchen darf nicht mit dem Rad im Dorfkern rumfahren, weil die Mutter Angst vor dem kleinen Gefälle der Straßen hat.

2.) Wohngebiet nordöstlicher Ortsrand ("B-Gebiet")

Der nordöstliche Ortsrand von Bretzenheim ist ein relativ junges Wohngebiet, das wahrscheinlich in den 60er Jahren gebaut wurde. Es wurde am 5.10.96 begangen. Die Straßen sind breiter als im Ortskern, aber auch mit sehr wenig Verkehr, der nur aus Anwohnern besteht. Nach Norden hin grenzt das Viertel an freies Brachland, nach Osten an die Bahnlinie und die Nahe, im Westen liegt die B 48. Es gibt einen Sportplatz mit Gaststätte aber sonst keine weitere Infrastruktur.

Fünf Kinder haben an dieser Begehung teilgenommen, drei Mädchen und zwei Jungs. Die Altersspanne lag zwischen fünf und elf Jahren. Von den sechs aufgesuchten Spielorten war nur einer von uns vorgeschlagen, den Rest zeigten uns die Kinder. Zwei Väter begleiteten die Begehung, hielten sich aber dezent im Hintergrund und folgten uns in einem Abstand von ca. 100 m.

Karte 3: Spielorte im B-Gebiet Bretzenheim

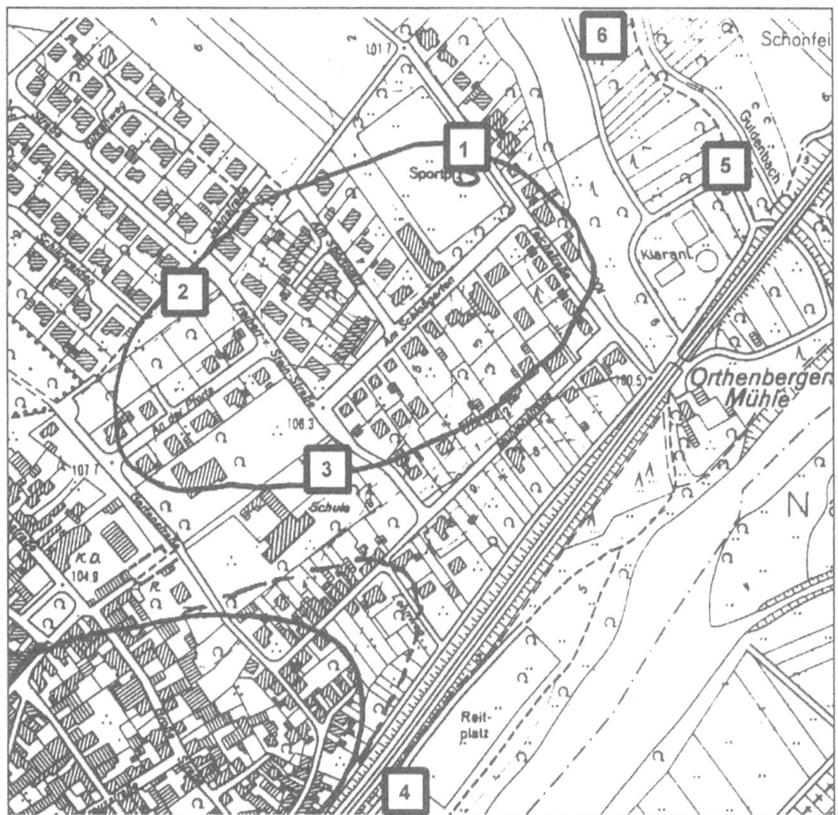

Der **erste** Platz zum Spielen ist eine Wendeplatte vor dem Haus von Magdalene. Sie fährt hier Rad und spielt "Pferd". Es handelt sich um eine geteerte Fläche am Ende einer Sackgasse mit minimalem Verkehr.

Zum **zweiten** Ort führten uns die Kinder. Es ist der Spielplatz, der uns auch schon von der Gruppe Bretzenheim-Ortskern gezeigt wurde. Die Kinder machen dort die selben Spiele, wie die andere Gruppe. Sarah sagte zusätzlich noch, daß sie in den Hecken am Rand "Vater-Mutter-Kind" spielt. Magdalene turnt gerne an den Ringen. Die Kinder können den Spielplatz sehr gut erreichen, da sie in der Mehrzahl ganz in der Nähe wohnen.

Als **dritten** Spielort zeigten uns die Kinder den schon beschriebenen Schulhof. Dort können sie Fahrrad und Rollschuhe fahren. Die Mädchen spielen mit den "Häusern", das sind auf den Asphalt aufgemalte Kreise. Auch das bei der ersten Gruppe erwähnte "hickeln" (Himmel und Hölle) wird gerne gespielt. Die Hecken am Rand des Geländes werden zum Verstecken und Herumkriechen genutzt. Der Parkplatz mit seinem Gebüsch, den wir als recht interessant einstuften, wird von den Kindern nicht als Spielort genutzt, da er zu leicht einsehbar ist. Ein Pluspunkt des Schulgeländes ist, daß die Kinder aufgrund seiner Nähe dort alleine hin können. Als negativ empfanden die Mädchen, daß sie oft von den Jungs vom Hof vertrieben werden, die dort Fußball spielen. Außerdem seien zur Schulzeit zu viele Kinder dort, um vernünftig spielen zu können.

Der **vierte** von den Kindern gezeigte Spielort ist der schon mit der ersten Gruppe aufgesuchte Bolzplatz am Naheufer. Als Beschäftigung beliebt ist Steine ins Wasser werfen und auf der benachbarten Schaukel schaukeln. Carsten sammelt hier auch gerne Wal- und Haselnüsse. Dafür geht er auch den kleinen mit Büschen gesäumten Uferweg Richtung Norden entlang, wo sich einige Nußbäume befinden. Auch die dort wachsenden Birnen finden sein Interesse. Carsten geht auch öfter zum Angeln an das Naheufer, allerdings nur in Begleitung seines Vaters. Einige Kinder dürfen das Naheufer alleine aufsuchen, die anderen nur in Begleitung. Auf Nachfrage, warum sie nicht ans Wasser geht, sagt Sarah es sei "zu laut und zu schnell". Da die Eltern wegen der Gefahr des Ertrinkens Angst haben, ist auch das Spielen im direkten Ufergebüsch für die meisten Kinder tabu.

Bild Nr.7: Spielort 4

Von uns wurde der **fünfte** Spielort ausgewählt. Es handelt sich um die Mündungsstelle des Guldenbachs in die Nahe. Dort befindet sich eine kleine Kieslandzunge, auf die man mit Gummistiefel waten kann. Das Gelände ist flach, wild bewachsen und weist einige kleine Trampelpfade auf.
Offensichtlich ist die Stelle bei den Kindern jedoch kaum genutzt. Carsten und Magdalene gehen hier in Begleitung der Eltern ab und zu angeln, die anderen Kinder kannten das Gelände entweder gar nicht, oder gehen hier nur selten hin. Am Guldenbach schmeißen die Kinder manchmal Steine ins Wasser.

Bild Nr.8: Spielort 5

Viel beliebter ist der **sechste** Spielort, ein großes Brachland zwischen Guldenbach und der Wohnsiedlung der Kinder. Dieses große Gelände weist einige für Kinder sehr attraktive Merkmale auf: viel Freifläche mit hohem Gras, einige aus Bauaushub bestehende Erdhügel, eine Baugrube mit einem Kanal, einzelne Schrebergärten und den Guldenbach als Begrenzung. Magdalene sagt, sie spielt hier "ausreißen". D.h. sie stromert im Gelände herum und stellt sich dabei vor, sie sei von zu hause ausgerissen. Von einem Traktor niedergefahrenes Gras wird dann zur "Wohnung", die Strecken, die sie läuft, sind ihre Geheimwege.

Bild Nr.9: Spielort 6

Bild Nr.10: Spielort 6

Alle Kinder außer Sarah benutzen die Erdhügel, um hochzuklettern und darauf herumzurennen, "Hürdenlauf" zu machen und um Löcher zu graben. Als wir dort ankommen, rennen die Kinder auch sofort die Hügel hinauf und haben offensichtlich große Freude daran. Alle machen sich die Schuhe dreckig. Der elfjährige Carsten, der einen sehr braven und angepaßten Eindruck machte, sagte: 'Ich muß öfter mal die Sau raus lassen. Das macht so Spaß'.

3.) Wohngebiet nordwestlicher Ortsrand ("C-Gebiet")

Das Wohngebiet im Nordwesten von Bretzenheim ist ein Neubauviertel, dessen neueste Häuser nur wenige Jahre alt sein dürften. Es liegt relativ isoliert, im Osten durch die B 48 vom Restdorf abgeschnitten, im Norden, Westen und Süden von Brachland bzw. Ackerland und Weinberge umgeben.

Bei dieser letzten Begehung haben vier Kinder im Alter von sechs bis acht Jahren teilgenommen. Davon waren drei weiblich und ein Kind männlich. Zwei Kinder, Talita und Dorothe, spielen hauptsächlich im eigenen Garten, in dem immer viele Kinder anzutreffen sind. Sie sind sechs Geschwister und haben in der Nachbarschaft nochmal acht Kinder. Fünf Spielorte wurden aufgesucht, davon wurde einer von uns vorgeschlagen. Das Wohngebiet ist ein Neubaugebiet am Ortsrand, dahinter liegen Wiesen und Äcker und in einigen hundert Meter Entfernung die Weinberge.

Karte 4: Spielorte im C-Gebiet Bretzenheim

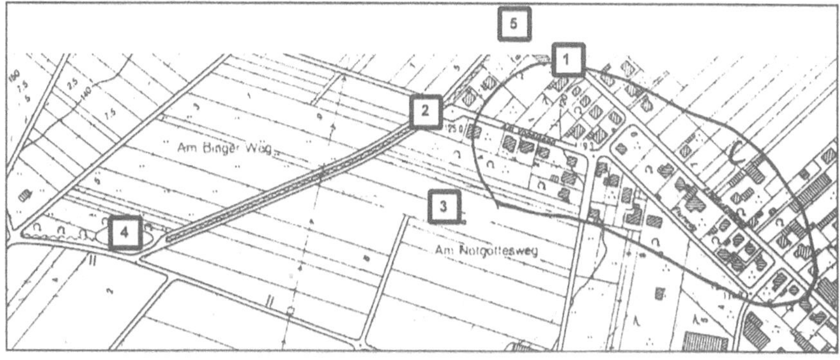

Der **erste** Spielort ist die Wendeplatte vor dem Haus von Talita und Dorothe. Hier fahren sie Fahrrad und Rollschuhe. Obwohl die Straße noch weiter in die Weinberge führt, kann sie gefahrlos genutzt werden, da nur minimaler Verkehr besteht.

Der **zweite** Spielort ist ein Graben, der das Wohngebiet zu den Wiesen hin abgrenzt. Hier spielen die Kinder, vor allem Jean-Claude, mit den herumliegenden Brettern und Ästen Brücken und Hütten bauen. Für den Hüttenbau werden teilweise auch herbeigeschaffte Kartons benutzt. Ein Baumhaus, das von etwas älteren Kindern errichtet wurde, ist mittlerweile leider zerstört worden.

Bild Nr.11: Spielort 2

Der **dritte** Platz, zu dem uns die Kinder führen, ist die "Wüste", ein Brachland ca. 200 m von der Siedlung entfernt. Es ist ein verwildertes Gelände, auf dem früher Gebäude standen. Es gibt dort mit Brombeeren verwachsene Hügel, Gräben, Sandmulden und Sandhöhlen, verschiedentliches Baumaterial (Bretter, Eisenstangen) und sehr viele Kaninchenbauten. Diese Gelände ist vor allem bei Jean-Claude und Katharina sehr beliebt, die hier auch oft alleine hin gehen. Dort kann man Höhlen graben, mit Brettern und Baumaterial Hütten bauen, sich im Gebüsch verstecken, auf Aussichtshügel klettern und die Kaninchenbauten erkunden. Die Kinder entdeckten hier auch Schneckenhäuser. Talita und Dorothe gehen hier nicht hin.

Bild Nr.12: Spielort 3

Bild Nr.13: Spielort 3

Bild Nr.14: Spielort 3

Der **vierte**, von den Kindern gezeigte Ort ist ein Teich am Rand der Weinberge, ca. 500 m von der Wohnsiedlung entfernt. Wiederum sind es Jean-Claude und Katharina, die hier öfter spielen, Talita und Dorothe gehen nicht hier hin.

Hier gibt es ein Überlaufrohr, durch das die Kinder kriechen können. Das Wasser wird zum Stöcke hineinwerfen genutzt und im Winter kann man auf dem Eis herumrutschen. Die am Wegrand/Ufer stehenden Bäume und die steinerne Böschung eignen sich hervorragend zum klettern.

Bild Nr.15: Spielort 4

Bild Nr.16: Spielort 4

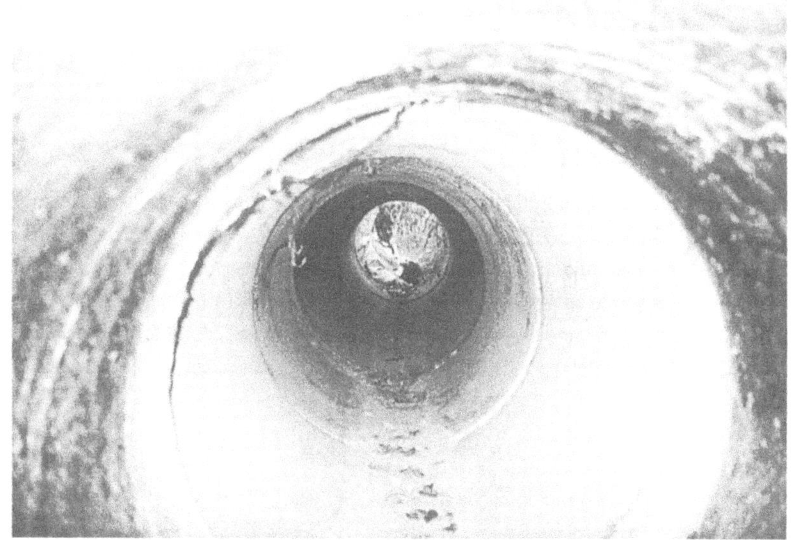

Bild Nr.17: Spielort 4

Als **fünften** und letzten Spielort führten uns die Kinder zu einer kleinen Straßenbrücke, die über den schon erwähnten Graben führt. Unter der Brücke lagen einige größere Steine. Alle Kinder spielen hier. Man kann die "Höhle" erkunden und verstecken spielen und mit den Steinen Sachen bauen. Es wurde auch schon für die dort zu findenden Kröten eine "Wohnung" gebastelt. Als wir dort sind, findet sich ein zerrissener rosa "Liebesbrief", der sofort mit Begeisterung wieder zusammengepuzzlet wird. Es stellt sich heraus, daß er von einem älteren Mädchen in der Nachbarschaft stammt.

Bild Nr.18: Spielort 5

Bild Nr.19: Spielort 5

II. Begehungen in Langenlonsheim

Beobachter: Lothar Zischke

Protokollantin: Katja Schwab

Karte 1: Begehungsgebiete in Langenlonsheim (A, B, C)

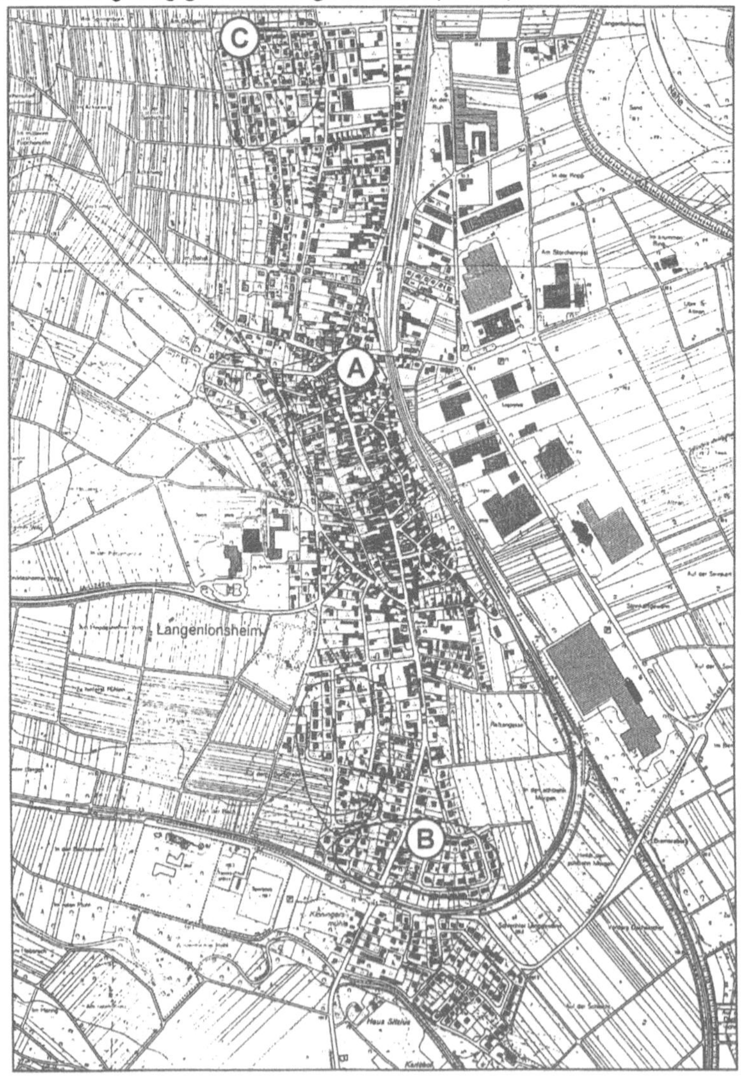

1.) Wohngebiet Ortsmitte ("A-Gebiet")

Das Begehungsgebiet A umfaßt den alten Ortskern von Langenlonsheim und eine verdichtete Neubausiedlung in einem südlich angrenzenden Industrie- und Wohngebiet. Der alte Ortskern zeichnet sich durch enge und teilweise verwinkelte Straßen ohne Bürgersteig aus. Typisch für den Ortskern von Langenlonsheim sind Mittelrinnen. Es gibt kaum Grünflächen oder Gärten um die dicht aneinanderstehenden Häuser. Es handelt sich um alte Bausubstanz, die Häuser sind z.T. liebevoll restauriert. Im ganzen Begehungsgebiet gibt es keine Spielplätze. Auch Tempo-30 Zonen gibt es nicht, der Verkehr ist jedoch relativ ruhig, die Straßen werden hauptsächlich von Anliegern benutzt. Der ganze Ort wird durch den starken Verkehr der Naheweinstraße (Hauptdurchfahrtsstraße) in zwei Hälften geteilt. Auf der gesamten Strecke durch Langenlonsheim (ca. drei km) gibt es eine Drückampel, drei Zebrastreifen und einen Fußgängerüberweg. Die stark befahrene Straße stellt für alle Kinder von Langenlonsheim aber kein Hindernis dar, sie scheinen sich an den Autoverkehr gewöhnt zu haben.

Die Gruppe A setzt sich aus fünf Mädchen, vier Jungen und einer Oma zusammen. Einige der Kinder haben sich spontan der Gruppe angeschlossen. Manche der Kinder sind miteinander befreundet. Durch den hohen Altersunterschied (vier bis dreizehn Jahre), die teilweise gegenseitige Unbekanntheit und auch offene Antipathie ist die Gruppe insgesamt nicht homogen. Die Frage ob die Kinder Freunde in der Gegend haben erweist sich als wenig sinnvoll, da alle Kinder die Frage bejahen und es auch offensichtlich ist, daß alle Freunde haben. Die jüngeren Kinder haben meistens einen ganz besonderen Freund, der in der Nähe wohnt, die älteren verfügen spätestens durch den Schulbesuch über mehrere Freunde. Auch die Frage, ob die Kinder gerne draußen spielen, erweist sich als wenig aussagekräftig: Manche äußern, daß sie nicht oft draußen seien, bei der Begehung stellt sich dann aber heraus, daß sich alle Kinder fast täglich - sofern das Wetter es zuläßt - im Freien aufhalten. Auffallend ist, daß die Kinder der Gruppe A relativ wenig Verbesserungswünsche oder -vorschläge machen. Sie kennen sich mit Abstand am besten im Dorf aus und sind sehr mobil. Insgesamt werden neun Spielorte aufgesucht. Viele decken sich mit den von uns in der Vorbegehung ausgesuchten. Der von uns ausgesuchte Spielort Nr. 3 wird von den Kindern nicht genutzt.

Karte 2: Spielorte im A-Gebiet Langenlonsheim

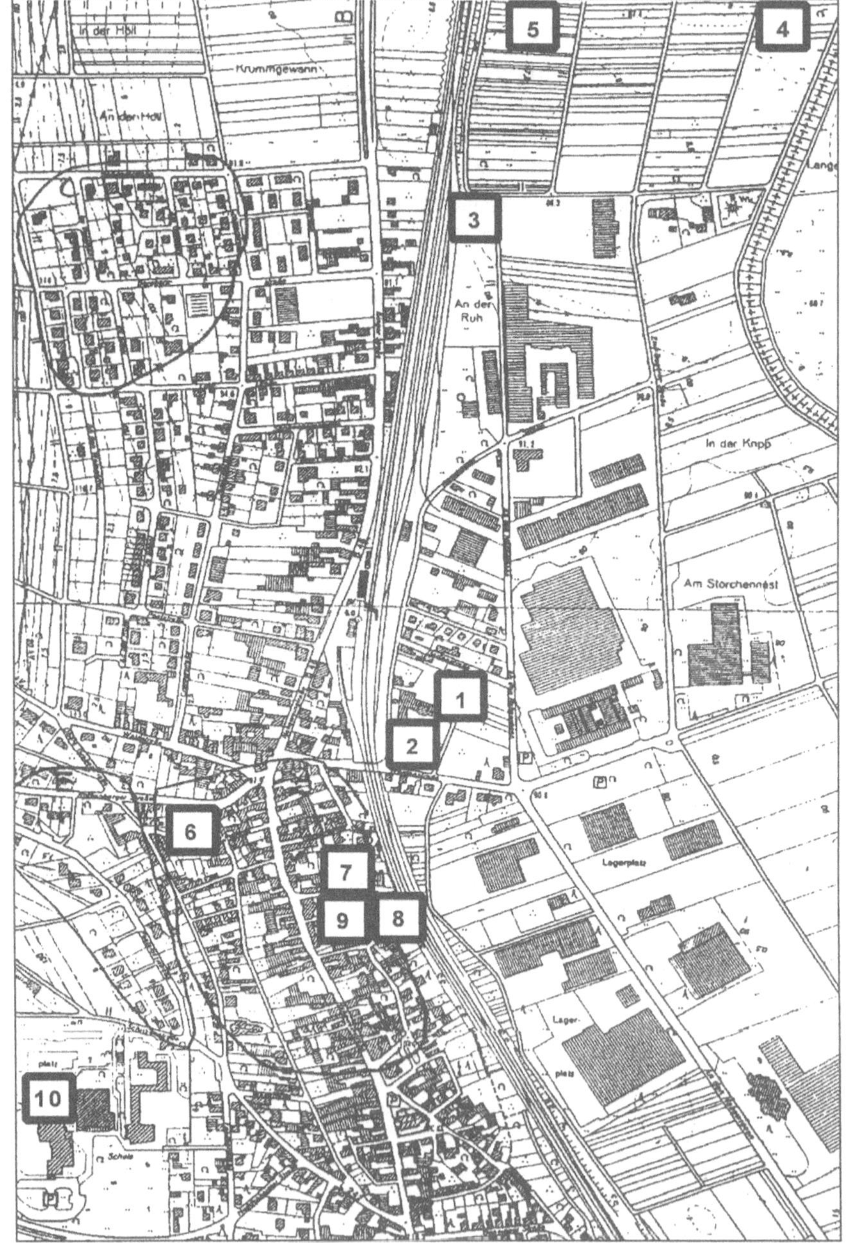

Die Begehung beginnt in einer Neubaussiedlung in dem Mischgebiet östlich der stark befahrenen Eisenbahnlinie. Patricia (sieben Jahre) wohnt an einer stark befahrenen Straße, hat aber gelernt mit den Autos und dem Durchgangsverkehr zu leben. Sie spielt fast immer mit den Geschwistern Rosana (acht Jahre) und Martha (vier Jahre) und anderen Kindern aus der unmittelbaren Nachbarschaft in der angrenzenden Straße, **Spielort Nr. 1** (Im Hoppegarten), in welcher Rosana und Martha wohnen. Es handelt sich um eine gepflasterte Straße ohne Bürgersteig. Es gibt keinen Durchgangsverkehr, vereinzelt parken Autos. Die Straße weist Charakterzüge einer Spielstraße auf (Malkreide, mehrere Fahrräder und Bobby-Cars), ist jedoch nicht als solche gekennzeichnet. Die Anwohner scheinen sich oft auf der Straße aufzuhalten. Um die Häuser gibt es hauptsächlich Ziergärten in denen die Kinder aber nicht spielen können. Die vereinzelten wilden Lagerflächen in der Straße mit viel potentiellem Baumaterial werden von den Kindern ebenfalls nicht zum Spielen benutzt. Die Kinder fahren auf der Straße hauptsächlich Fahrrad oder Inline-Skates. Rosana beschwert sich darüber, daß "abends so viele Autos fahren", ansonsten sind die Autos aber kein Problem für die Kinder. Patricia sagt, daß sie keinen Spielplatz vermißt, da "die Straße gut ist".

Bild Nr.1: Spielort Nr.1

Rosana und Martha dürfen manchmal mit ihren Cousins auf dem ebenfalls im Hoppegarten liegenden Bauernhof - **Spielort Nr. 2** - spielen. Auf dem großräumigen, abgesperrten Gelände "kicken" sie dann. Andere Kinder dürfen auf dem Bauernhof aber nicht spielen. Zu den Kindern aus dem Ortskern haben die drei Mädchen keinen Kontakt, sie bewegen sich kaum aus ihrem direkten Wohnumfeld hinaus.

Die älteren Kinder aus dem alten Ortskern wollen uns als nächstes "ihr Baumhaus" zeigen. Der Weg dorthin führt durch das Industriegebiet hindurch. Wir fragen nach einem von uns bei der Vorbegehung ausgewählten eingezäunten, verwilderten Garten, **Spielort Nr. 3,** in welchem alte Landwirtschaftsmaschinen, Dachziegeln, Holzreste und Paletten liegen. Der Zaun ist an mehreren Stellen heruntergetreten. Nach Auskunft der Kinder spielen dort aber andere Kinder. Jacqueline ist der Meinung, daß es zu viele Brombeeren gibt.

Am Ende des Industriegebiets befindet sich der **Spielort Nr. 4**, ein völlig verwilderter Schrebergarten umgeben von Brachflächen. Der Besitzer nutzt das Grundstück lediglich um Obst- und Gemüseabfälle zu deponieren. Auf dem eingezäunten Gelände gibt es zwei nicht gesicherte Brunnen, von denen der eine mehrere Meter tief ist. Zwischen Bäumen und Hecken versteckt, steht eine kleine Holzhütte. Sie ist stark zerstört, es liegen Scherben, Bretter und Müll herum. Die Kinder, die im Ortskern wohnen spielen hier manchmal, "meistens aber nur Jungs". David (elf Jahre) klettert am liebsten auf's Dach. Er findet es gut, "daß man nicht gesehen wird, man kann sich verstecken, die Eltern finden einem nicht." Nachdem er sich umgeschaut hat, stellt er kritisch fest: "Aber es muß ehrlich mal wieder aufgeräumt werden." Christoph (zehn Jahre) vermutet, daß große Kinder das Haus kaputtgemacht haben. "Jetzt spielen nur noch ältere Kinder hier, die rauchen und trinken. Wir räumen auf und die Großen machen es wieder kaputt."

Bild Nr.2: Spielort Nr. 4

Als wir über die Brachflächen zum **Spielort Nr. 5** gehen, äußern die Kinder spontan den Wunsch, daß sie sich mitten in die Brachflächen einen Spielplatz wünschen. Rosana und Martha zeigen uns den Schrebergarten ihrer Eltern, Spielort Nr. 5, zu dem sie manchmal allein mit dem Fahrrad hinfahren. Sie spielen dann Fangen oder fahren mit dem Fahrrad herum. In dem Schrebergarten wird Gemüse angepflanzt; auf dem eingezäunten Gelände stehen mehrere Regenwassertonnen. Timo findet es hier langweilig. Auf die Frage wieso, erklärt er:"einfach so".

Matthias (sieben Jahre) wohnt als einziger der Gruppe östlich der Naheweinstraße. Sein Wohnhaus liegt in der wenig befahrenen Schmittstraße, die deswegen von vielen Kindern als Schulweg genutzt wird. Es gibt keine Bürgersteige auf dem Kopfsteinpflaster, die Straße ist abschüssig und sehr schmal. Matthias spielt oft mit seinem gleichaltrigen, in der Nachbarschaft wohnenden Freund Tobias auf einem Garagenvorplatz direkt neben seinem Wohnhaus - **Spielort Nr. 6** - mit einer Fläche von ca. 16 qm. Dort spielen sie mit dem Ball, Tennisball oder Frisbee. Auf der Straße spielt er nach eigenen Angaben nie. Fast täglich fährt er allein oder mit seinem Freund in der Oberen Grabenstraße Fahrrad, oft sogar bis zum Spielplatz auf dem Schulhof. Die Autos in der Oberen Grabenstraße stören ihn sehr. Er wünscht sich eine Mauer, damit die Autos nicht mehr fahren können. David meint spontan: "Da kann man doch Schilder hinmachen: Autos verboten!" Manchmal geht Matthias auch allein über die Naheweinstraße um beim Bäcker einzukaufen. Nach der Begehung der Schmittstraße verabschiedet sich Matthias,

Jacqueline (acht Jahre) hat sich schon während der Befragung mit ihrem Mountain-Bike in Richtung Schulhof aus dem Staub gemacht. Monika (dreizehn Jahre) fragt, ob wir noch zum "Bauernhof" gehen, als wir aus Zeitgründen verneinen, ist auch sie bald darauf verschwunden.

David, Timo, Christof (zehn Jahre) und Monika wohnen alle im alten Ortskern in der Hintergasse. Die Hintergasse wird von den Kindern als zentraler **Spielort** definiert, **Nr. 7**. Sie ist dicht bebaut, mit Kopfsteinpflaster, es gibt keine Gärten und Gehwege. Die Hintergasse scheint offener Treffpunkt für viele Kinder zu sein. Sie treffen sich dort um sich zu verabreden oder um gemeinsam etwas zu unternehmen. Die Kinder malen mit Kreide auf der Straße, spielen Fußball, fahren Fahrrad oder machen "Klingelstreiche". Große Probleme gibt es mit einzelnen Nachbarn. Deshalb dürfen die Kinder erst ab 14.30 Uhr "auf die Straße". David stören die Autos sehr. Er erzählt uns, daß er zusammen mit Timo zur Bürgermeisterin gegangen sei um zu fragen, ob die Hintergasse verkehrsberuhigt werden könnte. David ist sichtlich enttäuscht, daß daraufhin nichts passiert ist.

Timo und David wollen uns unbedingt "ihr Versteck" zeigen, welches an den Garten von Timos Wohnhaus grenzt. Patricia, Rosana und Martha, die hier nie spielen, sind hellauf begeistert. Christof darf nicht mit, weil er auf dem Hof von Timo Hausverbot hat. Die Eltern regeln scheinbar, mit wem die Kinder spielen dürfen. Auch wir dürfen nicht über den Hof, weil Timo Angst hat Ärger zu kriegen. Um zu "ihrem Versteck" zu kommen, müssen wir über ein verwildertes Grundstück gehen, auf welchem die Kinder sonst aber nicht spielen. Rosana, Martha und Patrizia kennen sich im Ortskern nicht aus, für sie hat der Ausflug "Abenteuercharakter", da sie sich hauptsächlich in ihrer Straße aufhalten und ihren Wohnbezirk zum Spielen nicht verlassen. Das verwilderte Grundstück ist überwuchert mit dornigem Gestrüpp, durch welches wir die Mädchen teilweise tragen müssen. Wir klettern eine 1,50 m hohe Mauer herunter und sind direkt an dem viel befahrenen Bahngleis. Jetzt müssen wir noch 150-200 Meter durch hüfthohe Brennesseln am Bahngleis entlang laufen. Timo und David sind längst in ihrem Versteck und spielen bereits "Cowboy", bis wir mit den Mädchen ankommen. Das "Versteck" - **Spielort Nr. 8** - ist völlig überwuchert von Brombeerhecken, in die sich die Kinder Höhlen gebaut haben. Vor der an Timos Wohnhaus angrenzenden Mauer gibt es einen kleinen Platz, in dessen Mitte eine alter Hasenstall liegt. Timo: "Da machen wir unseren Müll rein". Wenn ein Zug kommt, ducken sich die Kinder, "weil es sonst Ärger mit dem Bahnhofsvorsteher und der Bahnhofspolizei gibt." David erzählt, daß man im Winter "sogar bis zum Heumarkt kommt - das ist gar nicht so ungefährlich", deswegen geht er den Schleichweg meistens mit Timo allein.

Bild Nr.3: Spielort Nr. 8

Anschließend klettern wir die 1,50 m hohe Steinmauer zu Timos Garten - **Spielort Nr. 9** - hoch. In dem Garten gibt es eine Holzhütte, eine Rutsche und ein kleines Planschbecken mit "Schleimwasser". Der Garten macht einen stark verwilderten Eindruck, ist terrassiert und abgestuft. Timo und David sind sofort in ihr Rollenspiel vertieft. Das einzige was Timo hier stört, ist das Loch im Dach der Hütte. Er will nicht, daß wir den Garten über den elterlichen Hof verlassen und zeigt nur kurz auf den Zaun. Die beiden kümmern sich überhaupt nicht mehr um uns, während wir mit den drei Mädchen über den 1,80 m hohen Gartenzaun klettern müssen.

Der Schulhof von Langenlonsheim - **Spielort Nr. 10** - ist, trotz seiner relativ abgelegenen Lage am Südrand des Dorfes, für alle Kinder des Dorfes ein zentraler Platz. Er ist weitläufig, mit viel Grün versehen und bietet vielfältige Spielangebote für mehrere Kleingruppen, da er auffällig untergliedert ist. Es gibt Rasenflächen, Basketballkörbe, Tischtennisplatten und einen Spielplatz mit dem üblichen Inventar. Im Westen grenzt der Schulhof an ein großes Wiesengelände. Der den Schulhof umgebende Zaun ist vor allem an der Nordseite an vielen Stellen heruntergetreten. Nach Aussagen aller Kinder aus den Begehungsgebieten A, B, und C können sie jederzeit auf dem Schulhof spielen. Jacqueline - die kleine Strohmerin -, die genau am anderen Dorfende auf einem Aussiedlerhof wohnt, erzählt, daß sie "gestern und vorgestern auf dem Schulhof Rollschuhfahren" war, "die Größeren stellen mir aber manchmal ein Bein und die Buben ärgern mich". Sie findet den Schulhof gut, "weil es da so glatt ist, da kann man gut fahren". Sie beschwert sich aber über die Mauern auf dem Schulhofgelände: "Da tut man sich beim Versteckspielen immer weh". Rosana erzählt uns, daß sie schon auf den Schulhof dürfte, es ihr aber zu weit ist. Matthias geht manchmal allein mit seinem Freund auf den Schulhof um Fahrrad zu fahren oder um auf dem dortigen Spielplatz Sandburgen zu bauen oder an der Stange Saltos zu machen. Die Kinder der Gruppe A äußerten relativ wenig Wünsche.

2.) Neubausiedlung im Süden von Langenlonsheim ("B-Gebiet")

Begehungsgebiet B liegt im Süden von Langenlonsheim. Der Bezirk wird im Süden von der nur noch selten benutzten Eisenbahnlinie begrenzt. Unmittelbar hinter der Eisenbahnlinie fließt der Guldenbach. Im Westen und Osten schließt Acker- und Bauland an. Wohngebiet B ist eine Neubausiedlung aus den 80er Jahren. Die Häuser sind mit Gärten umgeben, es gibt wenig Zäune. Es herrscht lediglich Anliegerverkehr, die Straße ist zum Teil zugeparkt. Die Gehwege sind kinderwagenfreundlich. Trotz dieser Vorteile wird die Straße von den Kindern nicht als Spielort definiert. Die Einfahrten zu den nach hinten versetzten Wohnhäusern werden dagegen intensiv - gerade von jüngeren Kindern - als Spielorte (siehe Spielort Nr. 17) genutzt. Außerdem gibt es mehrere schmale Hinterwege, die nicht von Autos befahren werden können. Das Begehungsgebiet wird ebenfalls von der Naheweinstraße zweigeteilt. Seit es eine Drückampel gibt, fällt es den Kindern leichter, die stark befahrene Straße zu überqueren.

An der Begehung nahmen insgesamt sechs Kinder - vier Jungen und zwei Mädchen - teil. Der Vater des jüngsten Kindes (fünf Jahre) und die älteren Schwestern eines Mädchen begleiten uns. Die Kinder wohnen alle in der Schillerstraße, die hufeisenförmig angelegt ist und kennen sich untereinander zumindest vom Sehen, sind jedoch zunächst zurückhaltender als die Kinder der Gruppe A. Der Altersunterschied ist auch in dieser Gruppe sehr groß (fünf bis zwölf Jahre). Insgesamt werden sieben Spielorte aufgesucht. Auch hier zeigen uns die Kinder wieder viele Plätze, die wir in der Vorbegehung ausgesucht hatten. Spielort Nr. 15, den wir den Kindern zeigen, wird von ihnen aber nicht genutzt.

Karte 3: Spielorte im B-Gebiet Langenlonsheim

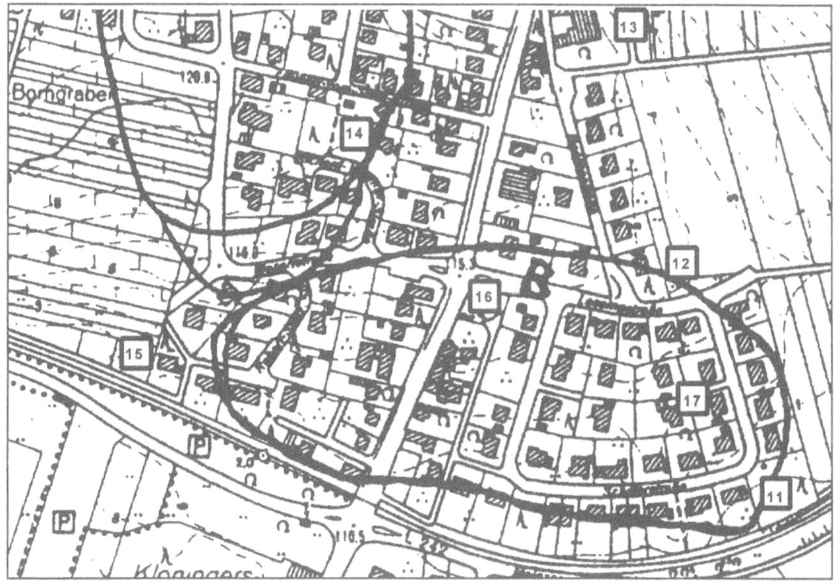

Andrea (zwölf Jahre) und Eva (zwölf Jahre) erzählen uns, daß sie früher auf der Straße oft Federball gespielt haben. Der Anliegerverkehr stört sie wenig: "Es kommen ja wenig, es geht ja nicht anders". Die Kinder führen uns zuallererst zu **Spielort Nr. 11** - dem Spielplatz. Der Spielplatz liegt an der südöstlichen Ecke des Wohnbezirks. Er wird von einem hohen Zaun mit einer verschlossenen Tür eingefaßt. Der Zaun ist an einer Stelle heruntergedrückt. Isabell (zehn Jahre), die Wortführerin, erzählt uns, daß die Tür früher offen war. Sie vermutet, daß es wegen der Bahngleise zu gefährlich ist. Vor dem Zaun sind Hecken gepflanzt. An allen, relativ frisch gepflanzten Kastanienbäumen auf dem Spielplatz sind die untersten Äste abgesägt - sehr wahrscheinlich damit die Kinder nicht auf die Bäume hochklettern können. Es gibt einen Sandkasten, eine Rutsche, ein Klettergerüst, mehrere Wippfiguren und eine neue Seilbahn. Die Kinder erzählen uns, daß es die Seilbahn erst seit zwei Monaten gibt (siehe Aussage von Tobias, Gruppe C). Seither "gehen mehr Kinder drauf". Die Kinder haben eigene Regeln aufgestellt: Wer zuerst kommt, hat das Recht, solange wie er will die Seilbahn zu benutzen. Eva beklagt sich darüber, daß das Seil besser gespannt sein müßte. Isabell ist der Meinung, daß der Spielplatz langweilig sei: "Der andere Spielplatz (Spielort Nr. 14) ist attraktiver". Isabell und Sandra (sieben Jahre) zeigen uns ihren Geheimgang zwischen dem Zaun und den Hecken. Dort hatten sie mit Tüchern eine Höhle gebaut, die ihnen aber von größeren Kindern aus der Nachbarschaft kaputtgemacht wurde. Eva erklärt, daß sie hier nicht mehr spielt, seit ihre beste Freundin vor sechs Jahren (!) weggezogen sei. Sie wünscht sich aber mehr Sträucher, Bäume und Kletterbäume und bemängelt, daß eine Schaukel fehlt. Sie meint: "Natur ist viel besser als Geräte". Eva erzählt uns auch, daß sie früher - als sie noch gespielt hat - in den großen Bäumen hinter dem Bahngleis ein Baumhaus hatte. Heute spielen dort anscheinend keine Kinder mehr.

Bild Nr.4: Spielort Nr. 11

Am Guldenbach spielen die Kinder so gut wie nie. Eva war zum letzten Mal vor einem Jahr am Guldenbach. Dort hat sie im Gebüsch gespielt. Allein fährt sie nicht dorthin, weil sie Angst hat. Die anderen Kinder äußern sich nicht weiter dazu, wahrscheinlich weil sie nie dort sind. Gegenüber der Schillerstraße 12 liegt ein verwildertes Grundstück mit Schutt, der **Spielort Nr. 12**. Isabell und zwei Freundinnen hatten dort eine Hütte gebaut. Das Baumaterial hatte ihnen ein Nachbar gegeben. Sie vermutet, daß die Hütte von dem Grundstücksbesitzer zerstört wurde. Sandra erzählt, daß sie aus einem alten Klappstuhl sogar eine Toilette gebaut hatten. Im Sommer wollten die Mädchen auch mal in der Hütte übernachten. Jetzt akzeptieren die Kinder das Gelände nicht mehr als Spielort.

Wir fragen die Kinder, ob sie das Gehege mit dem Schwein, zwei Schafen und zwei Hühnern kennen - **Spielort Nr. 13**. Sie sind sofort hellauf begeistert und führen uns dorthin. Das Gehege am Dorfrand grenzt an einen Feldweg. Auf der gegenüberliegenden Brachfläche gibt es auch eine Pferdekoppel, die die Kinder aber nicht sonderlich interessiert. An dem Feldweg gibt es mehrere verwilderte Grundstücke mit Schutt. Hier befindet sich auch der Lagerplatz von einem

Bauernhof mit verschiedenen Sorten Sand, Steinen, Paletten und Baumaterial. Isabell, die sonst nicht auf den Mund gefallen ist, traut sich nicht “die Leute” nach Baumaterial zu fragen, obwohl sie es gern würde. Sie geht hier oft nach der Schule entlang. Wir haben den Eindruck, daß die Kinder hier nur die Tiere anschauen und füttern, weniger daß sie hier spielen. Die Tiere sind offensichtlich an die Kinder gewöhnt und sehr zutraulich. Isabell hat das Schwein auf den Namen “Grunzi” getauft: “Wenn wir von der Schule nach Hause gehen und vom Pausenbrot was übrig haben, füttern wir die Tiere”. Das Tiergehege liegt aber nicht auf dem direkten Schulweg von Isabell. Sie braucht nach eigenen Angaben manchmal eine halbe Stunde für den Schulweg, weil sie und ihre Freundin Sandra “bummeln”. Die beiden haben auch Freunde im Ortskern, die anderen Kinder aus der Gruppe nicht. Einen Treffpunkt wie die Hintergasse im Begehungsgebiet A gibt es hier nicht: Die Kinder telefonieren um sich zu verabreden. Andrea geht nie ins Dorfzentrum um zu spielen: “Was es da gibt, gibt es hier auch.” Es scheint, daß die Kinder aus der Schillerstraße ihr Viertel seltener verlassen als die Kinder aus Gruppe A und C. Manchmal fahren Sandra und Isabell allein mit dem Fahrrad in den Nachbarort, wo es eine Inline-Skate-Rampe gibt. Sie wünschen sich eine solche Rampe oder eine Inline-Skate-Bahn in Langenlonsheim.

Bild Nr.5: Spielort Nr. 13

Anschließend laufen wir durch das Dorf zurück zur Drückampel an der Naheweintraße um den westlichen Teil von Bezirk B zu begehen. Die Kinder sind kaum zu bremsen. Völlig selbständig überqueren sie die Naheweinstraße. Eva erklärt uns, daß ca. 200 m südlich der Drückampel am

Bahnübergang vor ein paar Monaten ein Zebrastreifen angebracht wurde. Bereits nach vier Wochen sei er aber wieder entfernt worden. Den Grund wieso der Zebrastreifen wieder entfernt wurde, kennt sie nicht - aber sie ist sichtlich verärgert darüber: "Da haben die Geld für übrig". Zielstrebig steuern die Kinder auf den zweiten Spielplatz - **Spielort Nr. 14** - im Begehungsgebiet B zu. Dort gibt es eine Röhre, ein Klettergerüst, eine Rutschbahn, mehrere Wippfiguren und, wie auf jedem Spielplatz, Bänke für die Erwachsenen. Der Spielplatz liegt mitten im Wohngebiet und ist mit kleineren Hecken eingefaßt. Ansonsten gibt es bis auf zwei Bäume, deren unterste Äste wiederum abgesägt sind, keine Bepflanzung. Sandra war noch nie allein hier. Auch Andrea und Eva kommen nicht hierher. Ein Schild mit dem Hinweis: "Fußball spielen verboten" ist von Kindern durchgestrichen und in "Fußball spielen erlaubt" abgeändert worden. Isabell wünscht sich eine "geringelte Rutsche", mehr Platz zum Fußball spielen, eine Schaukel, Bäume zum Klettern und Hecken, "damit man mehr dazwischen spielen kann". Zwischen der Grenzmauer und den angepflanzten Hecken hat sie eine Höhle. Während die ganze Gruppe durch den "Geheimgang" zur Höhle marschiert, fordert uns eine erwachsene Anwohnerin auf, dort zu verschwinden, weil "Kinder nur vor den Hecken spielen dürfen".

Bild Nr.6: Drückampel

Anschließend zeigen wir den Kindern ein von uns ausgesuchtes, verwildertes Grundstück - **Spielort Nr. 15** - direkt an der Eisenbahnlinie. Das Grundstück liegt am Rande eines Neubaugebietes. In unmittelbarer Nachbarschaft werden mehrere neue Häuser gebaut. Auf dem Platz gibt es ein kleines Haus, einen Bauwagen, einen großen Nußbaum und viel Gestrüpp. Die Tür von dem Haus ist eingebrochen, das Fenster zerschlagen. Das Haus ist von innen mit Graffitis ausgestattet, es liegen Scherben und Müll herum. Isabell findet es hier "total dreckig". Auch Sandra meint, "da stinkt's" und "der Dreck sollte weg". Die Fenster des Bauwagens, der nach Angaben der Kinder noch nicht lange da steht, sind eingeschlagen. Am Nußbaum ist klar erkennbar, daß Kinder dabei sind, ein Baumhaus zu bauen. Die Kinder unserer Gruppe sind auf jeden Fall nicht die Bauherren, sie wissen auch nicht, welche Kinder es sein könnten. Isabell meint, daß sie den Platz meiden, weil sich Penner (siehe Aussagen Gruppe C) aufhalten und "zu wenig Häuser hier sind. Wenn was wäre, könnte man nicht um Hilfe rufen". Sie wünscht sich aber eine solche Hütte in der Schillerstraße.

Auf dem Rückweg in die Schillerstraße kommen wir an einem kleinen Park mit Bäumen vorbei - **Spielort Nr. 16.** Dominik (fünf Jahre), Sandra und Sven (neun Jahre) klettern sofort in den Bäumen herum. Zwischen den Bäumen liegt Müll herum, der Park grenzt an die Naheweinstraße und die Lessingstraße. Eigentlich handelt es sich um den Vorplatz einer Bankfiliale. Hier kommen sehr viele Kinder vorbei, weil der Platz auf dem Schulweg liegt. Eva und Andrea wünschen sich "so was wie hier nur größer". Andrea meint "ein Park ist billiger als ein Spielplatz mit viel Spielgeräten, die sowieso nicht benutzt werden." Eva beschwert sich über den herumliegenden Müll, die Scherben und über die "Penner".

Bild Nr.7: Spielort Nr. 16

Zum Schluß der Begehung B zeigt uns Dominik den Garten und die Sackgasse zum Haus seiner Eltern in der Schillerstraße, **Spielort Nr. 17,** wo er fast immer spielt. Die Sackgasse wird lediglich von seinen Eltern und einem Nachbarn genutzt, so daß er ohne auf Autos aufpassen zu müssen, überall spielen kann. Der Garten ist sehr gepflegt, es gibt große Bäume (auf die Dominik sofort klettert), eine Schaukel und eine Hütte. Zusätzliche Wünsche äußert Dominik keine. Dafür haben Andrea und Isabell noch einige Verbesserungswünsche. Isabell hätte gern ein zweistöckiges Kinderhaus, außerdem eine Kinderdisco, "wo man voll Karacho aufdrehen kann". Andrea findet, daß nicht alle Aktivitäten für Jugendliche vom Jugendzentrum in Langenlonsheim ausgehen sollten. Ihr größter Wunsch ist aber, daß die Bürgermeisterin mal zu den Kindern kommt: "Es reicht nicht aus im Gemeindeprotokoll an die Kinder zu schreiben, daß sie kommen sollen. Kinder lesen das Gemeindeblatt eh nicht." Wir haben den Eindruck, daß die Kinder sich von der Begehung sehr viel versprechen und nun auf Aktivitäten von der Gemeinde warten.

3.) Wohngebiet nördlicher Ortsrand Langenlonsheim

Der nord- und südwestliche Teil des Begehungsgebietes C ist Neubaugebiet, der nordöstliche Teil besteht aus einer Sozialwohnungssiedlung (Kramersiedlung) aus den 50er Jahren. Aus dieser Siedlung nahmen leider keine Kinder an der Begehung teil. Der südöstliche Teil besteht aus einer Neubausiedlung aus den 60er Jahren. Im Norden grenzt Acker- und Brachland an das Wohngebiet. Im Westen beginnen sofort die Weinberge. Das Viertel wird nach Osten hin von der Binger Straße, die später in die Naheweinstraße übergeht, begrenzt. Das Viertel wird durchzogen von Querwegen und Treppenanlagen, die zum Teil als Spielnischen genutzt werden. Im älteren Teil des Viertels gibt es nur wenig Vorgärten. Gehsteige sind oftmals nur einseitig vorhanden, manchmal sind sie auch sehr schmal. Die Kreuzungen sind manchmal nur sehr schlecht einsehbar. Von Westen nach Osten fallen die Straßen zum Teil relativ steil ab. Die einzige Tempo 30 Zone von Langenlonsheim liegt in diesem Viertel. Warum gerade diese Straße verkehrsberuhigt ist, bleibt uns ein Rätsel.

Die Gruppe besteht aus fünf Jungen und einem Mädchen. Die Kinder sind zwischen fünf und elf Jahre alt. Die Gruppe zusammenzuhalten ist diesmal besonders schwierig, weil drei der Jungen dick miteinander befreundet und im Vergleich auch schon etwas älter sind. Der fünfjährige René meidet die Großen sogar, weil sie ihm ein Elektroauto kaputtgemacht haben. Wir werden von zwei Müttern und einem Vater begleitet. Die meisten Spielorte sind mit den von uns in der Vorbegehung ausgesuchten identisch. Es werden insgesamt acht Spielorte aufgesucht.

Karte 4: Spielorte im C-Gebiet Langenlonsheim

Christina (sechs Jahre) spielt meistens mit ihrem in der direkten Nachbarschaft wohnenden Freund Patrick (sieben Jahre) auf der Straße (im Böhel) vor ihren Häusern. Dort fahren sie Fahrrad oder mit ihren Inline-Skates. Obwohl die Straße zugeparkt ist, fühlen sich die beiden nicht von den Autos gestört. Christina und Patrick spielen auch oft auf einem angrenzenden Querweg - **Spielort Nr. 18**, unterhalb des Spielplatzes. Dort turnen sie an den Absperrungen herum oder sitzen einfach nur da und erzählen sich gegenseitig Geschichten. Erst am Vortag haben sie dort gepicknickt. Sichtlich erfreut sind sie, als sie ihren dort abgelegten Picknickmüll wiedererkennen.

Bild Nr.8: Spielort Nr. 18

Spielort Nr. 19 ist der Spielplatz zwischen der Weingärtenstraße und im Böhel. Dort gibt es das übliche Inventar: eine Rutsche, eine Klettergerüst, eine Hütte, einen Sandkasten, mehrere Wippfiguren und Bänke für die Erwachsenen aber keine Bäume oder Sträucher. Der Spielplatz ist mit einer kleinen Mauer eingefaßt vor welche Hecken gepflanzt sind. Christina spielt hier manchmal mit Patrick Räuber und Prinzessin. Hundekot gibt es nach Aussagen der beiden keinen. Manchmal sind andere Kinder da. Christina findet es blöd, daß die Jungs sie zwingen auf das Dach der Hütte zu klettern. Sie wünscht sich, daß die "Jungs hier nicht Fußball spielen, sonst geht der Rasen kaputt." René (fünf Jahre) ist öfter auf dem Spielplatz, obwohl er in unmittelbarer Nachbarschaft wohnt, geht er aber nicht alleine hin. René, Christina und Patrick verstecken sich gern zwischen den Begrenzungsmauern und den Hecken. Manchmal spielt René auch mit seinem gleichaltrigen Freund Joachim auf der Straße. Dann fahren sie Fahrrad oder

Kettcar. Mit dem Fahrrad fahren die beiden auch manchmal in die angrenzenden Weinberge um zu "schauen wie die Trauben wachsen". Die Autos stören ihn schon: "Es gibt eine Rennfahrerin, die fährt vier bis fünfmal am Tag vorbei." Ein Vater erzählt uns, daß Kinder vor kurzem auf der Straße vor dem Spielplatz einen Zebrastreifen gemalt haben. Er weist uns daraufhin, daß das Spielplatzhinweisschild für Autofahrer zu dicht am Spielplatz angebracht ist.

Wir zeigen den Kindern eine verwilderte Wiese, die sich direkt gegenüber dem Spielplatz befindet - **Spielort Nr. 20.** Die Wiese ist überwuchert mit Brennesseln, Silberdisteln und wilden Beeren. Nur die drei Großen, Tobias (zwölf Jahre), Marcel (zehn Jahre) und Simon (neun Jahre) spielen hier manchmal: Sie bohren Höhlen und Gänge in das Gestrüpp und verstecken sich dann darin. Christina spielt hier nie, weil sie Angst hat: "Da können so viele Räuber und böse Menschen drin sein."

Viel interessanter für die Großen war die ehemalige Wiese gegenüber von Tobias\` Wohnhaus - **Spielort Nr. 21**. Dort wird jetzt allerdings ein Haus gebaut. Auf dem jetzigen Bauplatz war vorher viel Gestrüpp, welches sie mit einer Gartenschere durchgeschnitten und ein Loch darunter gegraben hatten. Von dort aus haben sie manchmal vorbeigehende Leute "mit Steinen beschmissen", ohne daß sie entdeckt werden konnten. Eine Hütte hatten sie auf dem Grundstück auch gebaut: "Bretter besorgen ist überhaupt kein Problem, wir organisieren das." Sie sind sich einig: "Immer wenn wir mit einer Hütte gerade fertig sind, werden wir von irgend jemandem verjagt." Tobias beschwert sich, wird dann aber nachdenklich: "Alle bauen in die Wiesen - hm, unsere Eltern ja auch - aber ein bißchen was freibleiben könnte ja schon." Die drei fühlen sich durch den Baustellenverkehr gestört, weil sie auf der Straße gern Hockey oder Fußball spielen und Inline-Skaten. Sie wünschen sich Schwellen auf der Straße, "damit die Autos langsamer fahren". Auch diese drei werden von ihren Eltern manchmal mit dem Auto zur Inline-Skate-Rampe im Nachbarort Gensingen gefahren. Tobias erzählt, daß die Seilbahn (Spielort Nr. 11) im Begehungsgebiet B auf seine Initiative hin gebaut wurde. Er war deswegen wohl mehrfach bei der Bürgermeisterin.

Bild Nr.9: Spielort Nr. 21

Danach zeigen sie uns ihren ehemaligen **Spielort-Nr. 22**, ein außerhalb des Dorfes liegendes nun eingezäuntes Quellgebiet. Der Spielort liegt unterhalb der Weinberge am Übergang zur Brachfläche, ca. 500 m von der Landstraße entfernt. Dort hatten sich die drei eine Mountain-Bike Crossbahn gebaut: Mit Schubkarren hatten sie Erde aufgeschüttet. Jetzt können und dürfen die drei den Platz nicht mehr betreten.

Spielort Nr. 23 der drei ist ein ca. 1,5 km vom Dorfrand entfernter, mitten in den Weinbergen liegender Bachlauf, der nur gelegentlich Wasser führt. Das Bachried ist ca. 150 m lang und völlig überwachsen von Weiden, Brombeeren, Brennesseln, Holunder und Schwarzdorn. Es liegt relativ viel Müll herum, der die Kinder auch stört. Im Sommer hatten Tobias, Marcel und Simon den Bachlauf so tief ausgegraben, daß sie darin stehen konnten. Marcel erzählt, daß sie über dem Bach ein Baumhaus hatten. Sie vermuten, daß "die Penner es abgebrannt haben." Zum ersten Mal sehen wir auch tatsächlich einen Hinweis auf die bereits von den Kindern der Gruppe B erwähnten 'Penner': mehrere Flachmänner liegen herum. Auch diese Jungs fühlen sich von den Pennern, die wohl aus dem im Nachbarort liegenden Obdachlosenheim stammen, bedroht: "Die schlafen oft da, machen Feuer und kacken überall hin." Ganz aufgeregt erzählen sie, daß am Bachlauf vor kurzem eine Spritze gefunden wurde. Sie wissen allerdings nicht, was es für eine Spritze war. Auf alle Fälle haben die Eltern jetzt "Angst wegen Drogen". Sie wissen auch: "Wir dürfen hier eigentlich nicht spielen, aber es ist halt so interessant."

Nach ca. einem Kilometer beginnt ein Wald, der ist jedoch für die aktiven und sehr mobilen Kinder tabu: "Das ist kein Thema." Im nahegelegenen Naturschutzgebiet - so erzählen sie - hat einmal ein Mann auf sie geschossen und geschrieen: "Ihr habt hier nichts verloren." Seither trauen sie sich nicht mehr in das völlig überwucherte Naturschutzgebiet. Sie beklagen sich, daß sie auch von den Winzern verjagt werden. Aus welchem Grund ist aber nicht herauszukriegen.

Zurück am Dorfrand zeigen sie uns den Bolzplatz, **Spielort Nr. 24**. Im Norden grenzt er an Ackerflächen und vereinzelte Schrebergärten, die Hauptverkehrsstraße ist ca. 50 m entfernt. Er ist in etwa so groß wie ein Fußballfeld. Es gibt zwei Tore, ein Tennisnetz und eine armselig anmutende Röhre. Der Platz scheint viel benutzt zu werden. Marcel, Tobias und Simon erzählen, daß der Platz vom ehemaligen Hausmeister der Schule organisiert und aufgebaut worden sein soll. Sie benutzen den Platz allerdings recht selten, weil es offene Rivalitäten mit den Kindern aus der angrenzenden Kramersiedlung gibt: "Die Größeren schießen den Ball in die Schrebergärten, dann kriegen wir Ärger mit den Leuten."

Bild Nr.10: Spielort Nr. 24

Mitten in der Kramersiedlung liegt ein Spielplatz, **Spielort Nr. 25**. Eine Mutter erzählt uns, daß der Spielplatz noch genau wie vor 20 Jahren aussieht. Es gibt zwei Wippen, ein Rondell, eine Rutsche und zwei spärliche Kletterstangen. Es handelt sich mit Abstand um den trostlosesten Spielplatz von Langenlonsheim. Er liegt mitten zwischen den Siedlungshäusern. Die Häuser sind von viel Grün umgeben, auf welchem die Kinder aber nicht spielen dürfen. Ein Schild an der Hauswand erinnert die Kinder: "Fair play - benutzt den Bolzplatz". Die Kinder aus der Gruppe C suchen diesen Spielplatz nie auf, "weil die Kramersiedlung verrufen ist." Während der Begehung spielt lediglich ein türkisches Mädchen auf dem Platz.

III. Schlußfolgerungen aus den Begehungen

Aus den Wohnumfeld-Begehungen lassen sich verschiedene Schlußfolgerungen ableiten. Diese Folgerungen haben forschungsmethodische, grundlagenwissenschaftliche und praktisch-planerische Aspekte.

Wünsche der Kinder

Es fiel den Kindern sichtlich schwer, sich etwas anderes vorzustellen als das, was sie gewohnt sind, vorzufinden. Meist kamen quantitative Vorschläge (z.B. "größerer Sandkasten", "mehr Schaukeln") nach dem, was ohnehin schon vorhanden ist. Relativ selten kamen etwas ausgefallenere Wünsche (z.B. nach Wasserspielgelegenheiten oder "ein Traumhaus"). Auch bei der Frage, ob etwas so bleiben sollte wie es ist, fehlte bei den meisten die Vorstellung, daß ein Freiraum auch verändert werden kann (z.B. durch Bebauung). Aus diesem Grund müssen Projekte, wo Kinder an Planungen beteiligt werden, gut vorbereitet werden, weil sonst nur das von den Kindern genannt wird, was sie aus ihrem Wohnumfeld kennen. Auch offensichtlich kinderfeindliche Verhältnisse wurden weit weniger von den Kindern als Mißstand beklagt als wir erwartet hätten. Sie nahmen die Umwelt als gegeben hin und passen sich in ihrem Raumnutzungsverhalten entsprechend an. Die große Anpassungsfähigkeit und Anspruchslosigkeit von Kindern an verschiedene Verhältnisse sollte aber nicht voreilig zu dem Schluß verleiten: "wenn sie sich nicht beklagen und sich nichts anders wünschen, haben sie doch alles, was sie brauchen".

Interviews mit Kindern

Was uns erstaunt hat, war die große Diskrepanz zwischen dem, was die Kinder uns an Spielorten aus dem Gedächtnis nannten und dem, was sie uns unterwegs alles zeigten. Befragt man ausschließlich Kinder, ohne sich die Spielorte direkt zeigen zu lassen, bekommt man nur einen reduziertes, unrepräsentatives Bild von der tatsächlichen Vielfalt an verschiedenen Orten und Tätigkeiten ("aus den Augen, aus dem Sinn"). Auch fiel es den Kindern z.T. schwer, ihr Tun an einem Ort zu benennen. Da die Kinder während der Begehung oftmals ins Spielen kamen, erübrigte sich teilweise die Frage nach den Aktivitäten.

Dynamik in der Gruppe

Welche Eigendynamik sich entfalten kann, wenn Kinder in einer Gruppe zusammen sind, zeigte sich im Laufe der Begehungen. So kam es z.B. dazu, daß manche "brave" Kinder durch das Tun der anderen angesteckt wurden, etwas zu machen, was ihnen bisher nicht in den Sinn gekommen war (z.B. an der alten Klostermauer hochzuklettern, einen Erdhügel zu besteigen). Während der Begehung kam es auch vor, daß ein Kind Spielorte gezeigt hat, die den anderen unbekannt waren. So sagte z.B. ein Mädchen, daß sie gar nicht wußte, wie schön es hier ist (Brachfläche) und daß sie hier jetzt auch zum Spielen hingehen will. Heutigen Kindern wird z.T. nachgesagt, sie wären braver und angepaßter als die Kinder von früher. Das kann damit zu tun haben, daß nachbarschaftliche Spielgruppen oft nicht mehr existieren und somit gruppendynamischen Effekte nicht zum tragen kommen (z.B. sich stärker und autonomer fühlen, es wird mehr ausprobiert, mehr Ideen entstehen, der Aktionsradius wird größer).

Pluralisierung der Kindheiten

Auch in dem relativ kurzem Kontakt während der Begehungen zeigte sich schon, daß die Kinder, auch wenn sie fast das gleiche Wohnumfeld haben, die vorhandenen räumlichen Möglichkeiten in z.T. unterschiedlicher Weise nutzen. Kollektiv wirkende Kräfte, die ähnliche Kindheiten, Raumerfahrungen etc. "formen", werden zunehmend abgelöst durch individuelle Kräfte. Sicherlich spielen hier Faktoren, wie z.B. der Erziehungsstil der Eltern, eigenes Kinderzimmer, das Temperament des Kindes, die Geschwistersituation, Nutzung institutioneller Freizeitorte, Gebrauch von TV/Computer etc. eine wichtige Rolle auf das Nutzungsverhalten der Freiräume im Wohnumfeld. Als "pull-Faktoren" für das Spiel in öffentlichen Freiräumen kommen Nachbar-Kindern, die selbständig erreicht werden können, eine herausragende Bedeutung zu. Sind Kinder nicht in der Nähe erreichbar, so steigt die Wahrscheinlichkeit, das diese Kinder eine häuslichere, stärker individualistischere Kindheit erleben.

Wege sind Spielwege

Die Strecken, die wir zum nächsten Spielort vor uns hatten, wurden spielend zurückgelegt anstatt zielgerichtet, wie es Erwachsene tun würden: Laub, das sich am Straßenrand angesammelt hat, wurde von den Kindern "umgepflügt". Eine Mauer, die einen Spielplatz einfaßt, wurde sofort beklettert. Ein Geländer, als Handlauf für eine Treppe vorgesehen, diente den Kindern als Turnstange. Kleine Metallfiguren, zum Arretieren von Fensterläden angebracht, wurden zum Nicken gebracht.

Was ist "Spielen"?

Interessanterweise sahen die Kinder ihr spielerisches Raumdurchqueren und das, was sie unterwegs taten, nicht als "Spielen" an. Spielen war für sie das, was sie an einem bestimmten Ort, den sie zum Spielen aufsuchten, tun. Speziell fürs Spiel geplante Flächen (Spielplatz, Fußballplatz, Pausenhof), bei denen das Kind früh lernt, "hier sollst du spielen", könnten die Entwicklung eines Spielbegriffs vorstrukturieren. Der Spielbegriff der Kinder war häufig viel enger als das, was erwachsene Spielforscher darunter verstehen. Nur ein relativ kleiner Teil des Tuns der Kinder würde dann noch unter "Spielen" fallen. Aus diesem Grund erscheint es sinnvoll, bei zukünftigen Studien nicht gezielt nach den "Spielen" der Kinder zu fragen, sondern danach, was Kinder alles tun bzw. machen.

Bekleidung und Spiel

Ein Teil der Kinder hatte auffallend modische Kleidung an, die eher an Sonntagsgarderobe als an Spielklamotten erinnerte. Da darunter auch Kinder waren, die sich spontan der Begehung anschlossen und nicht angemeldet waren, ist das herausgeputzte Erscheinungsbild nicht nur auf den "offiziellen Besuch" von uns zurückzuführen. Die feinen Sachen behinderten die Kinder in ihrem freien Tun. So sagte ein Mädchen, sie könne nicht von der Mauer springen, weil sonst ihre Feinstrumpfhose einen Riß kriegen könnte. Zusätzlich war eine deutliche Zurückhaltung zu spüren, sich im Gelände dreckig machen zu können. Wir können allerdings nichts darüber sagen, ob es die Angst vor elterlicher Schelte oder es den Kindern selber unangenehm war, sich schmutzig zu machen. Im Verlauf der einen Begehung fielen durch die entstehende Gruppendynamik und den Reiz des Geländes immer mehr Hemmschwellen, so daß schließlich alle Kinder auf den Erdhügeln herumkletterten.

Ungeplante Spielorte

Obwohl es in unseren Begehungen etliche "brave" Kinder gab, die nur dort spielten, wo es Erwachsene von ihnen erwarten (z.B. Spielplatz, Sportplatz, Pausenhof), zeigte sich selbst bei diesen angepaßten Kindern, daß sie sich in ihrem Tun nicht auf diese geplanten Spielorte beschränken ließen. So spielte ein Mädchen am liebsten in einer Hecke am Rand eines Spielplatzes und nicht etwa mit den Spielgeräten. Ihr "Spielgerät" waren Bäumchen in der Hecke und lose Steine einer verfallenen Mauer, mit denen sie sich ein "Haus" gebaut hat. Der "Zement" wurde vom Sandkasten, das Wasser vom nahegelegenen Friedhof geholt. Solche von den Planern vergessene Bereiche wie die Hecke und die verfallene Mauer sind für Kinder extrem wichtige Refugien, in denen sie nicht nur als Spielkonsumenten tätig werden, sondern sich als aktive Gestalter ihrer Umwelt erleben können.

Folgende ungeplante (Spiel)Orte und Elemente waren bei den drei Begehungen mindestens ebenso wichtig für die Kinder wie die geplanten Spielorte:

- wohnungsnaher öffentlicher Raum: Straßen und Plätze, Wege, Gehsteige
- Versteck(te)Plätze, unkontrollierte Bereiche: Gebüsch, Hecken mit "Höhlen", Trampelpfade in hohem Gras, Brachland, Bachufer, Teich am Ortsrand, Betonröhre, "Höhle" unter Brücke
- Sammeln/Essen: Kastanien-, Nuß- und Obstbäume, Brombeeren
- Bewegtes Gelände: Hügel, Gräben, Mulden, Böschungen, Mauern, Bäume
- Wasser: Brunnen, Bach, Teich, Wasser von Friedhof
- Tiere: Pferdekoppel, Hühner, Gänse, Kaninchen, Schnecken, Kröten,

- Baumaterial: Steine von eingestürzter Mauer bzw. Bachufer, Stöcke, Sand, Bretter, Kartons, Äste, Eisenstangen

Naturnahe, verwilderte Spielorte mit bewegter Topographie wie z.B. "die Wüste" erfüllen auf einem Raum gleichzeitig mehrere, für Kinder wichtige Qualitäten:
Kinder können selbständig unter sich sein, weil Erwachsene hier nicht kontrollieren, vielfältige Anreize bestehen zum Klettern, Springen, Balancieren, Kriechen etc., Kinder können sich ihre Umwelt als aktive Gestalter aneignen (z.B. beim "Lagerbauen"), Natur in Form von Beeren, Wildtieren, Sand, Bäumen etc. kann unmittelbar und mit verschiedenen Sinnen erfahren werden

Kinderfeindliche Menschen
Die Kinder wußten über mehrere Fälle zu berichten, wo Personen, die wenig Verständnis für die Interessen der Kinder haben, das Spiel bzw. überhaupt die Anwesenheit in bestimmten Freiräumen untersagt haben. Das war sogar auf speziell für das Kinderspiel eingerichteten Räumen der Fall (z.B. das Kindergarten-Außengelände, das nach dem "Kindi" nicht betreten werden darf). Auch auf dem zentralen Marktplatz scheinen Kinder für einige nicht selbstverständlicher Teil der Öffentlichkeit zu sein, sondern wurden aufgefordert, doch "auf den Spielplatz zu gehen".

Aktionsradius und Entdeckungsdrang
Der Drang, den Lebensraum zu erforschen und den Aktionsradius Schritt für Schritt auszudehnen, wurde in vielen älteren Kinderstudien als wesentliches Merkmal von Kindsein dokumentiert. Bei einigen unserer Kinder war nichts von dieser Entdeckungslust zu bemerken. Sie machten einen braven, häuslichen Eindruck und suchten auch nur die Räume auf, die sie von ihren Eltern gezeigt bekamen und die speziell für das Spiel gestaltet wurden (Fußballplatz, Spielplatz). Sie hatten entweder keinen Antrieb - aus Bequemlichkeit, Ängsten oder Desinteresse heraus - unbekannte Räume in ihrer Umwelt kennenzulernen oder die Eltern hatten dagegen Bedenken. Entdeckungsdrang ist unmittelbar mit Selbständigkeits- und Autonomieerleben gekoppelt. Ein gewandelter Erziehungsstil in Richtung Überbehütung und das Verschwinden nachbarschaftlicher Kindergruppen hemmt vermutlich nicht nur die Selbständigkeit, sondern auch den Entdeckungsdrang mancher Kinder. Auf der anderen Seite konnten viele Kinder Wege alleine zurücklegen (z.B. zur Schule, FreundInnen besuchen). Viele benutzten dabei das Fahrrad. Das ist sicher darauf zurückzuführen, daß die meisten Straßen und Plätze sehr wenig Verkehr aufweisen und auf den Nebenstraßen wegen der schmalen Fahrbahnen und Tempo 30 Regelungen nicht schnell gefahren wird. Die stark befahrene B 48 darf von etlichen unserer Kinder alleine überschritten werden und ist somit eine überwindbare Barriere.

Gesamteindruck Bretzenheim
Vergleicht man die Situation der von uns befragten Kinder mit städtischen Räumen, so haben wir aus den Begehungen den Eindruck gewonnen, daß die Verkehrssituation trotz der vielbefah-

renen Hauptstraße doch noch als günstig zu bewerten ist. Dadurch dürfen die Kinder sich relativ selbständig im Ortsgebiet fortbewegen. Die Straßen, obwohl sehr schmal, sind nicht völlig zugeparkt. Es bleibt genügend Platz zum Spielen. Natürliche Gefahren, vor allem die bei Hochwässern unberechenbare Nahe, hatten bei unseren Kindern mindestens ein ähnliches Gewicht wie Gefahren durch den Straßenverkehr. An verschiedenen Stellen, fast immer am Siedlungsrand, gab es interessante naturnahe Spielbereiche, die für Kinder einen hohen Wert haben. Solche Brachbereiche waren im Ortskern nicht (mehr) vorhanden; von fast allen Ortsteilen sind aber in maximal 300 m diese Brachzonen gut erreichbar. Auf diesen unkontrollierten Räumen können sich die Kinder entfalten, als Gestalter aktiv werden und sich von den Erwachsenen zurückziehen. Daß solche Rückzugsräume vorhanden sind ist umso wichtiger, als es auch in Bretzenheim etliche Personen gibt, die Kinder verscheuchen und das Spiel untersagen. Dennoch muß auch hier noch viel unternommen werden, um mehr Verständnis für die (Spiel)Bedürfnisse der Kinder im Ort zu wecken.

Gesamteindruck Langenlonsheim

Es zeigte sich, daß vor allem die Kinder aus dem Ortskern, in welchem es außer den Straßen kaum Spielmöglichkeiten gibt, äußerst aktiv und mobil sind. Sie kennen ihr Dorf ganz genau und finden immer wieder neue Spielorte. Auch die stark befahrene Hauptdurchgangsstraße stellt für die von uns befragten Kinder aus Langenlonsheim kein Hindernis dar. Bereits im Kleinkindalter lernen viele der Kinder alleine die Straße zu überqueren. Auffallend in dem langgezogenen Dorf ist der große Aktionsradius der Kinder: Zu Fuß, mit Inline-Skate und vor allem mit dem Fahrrad werden größere Distanzen zurückgelegt.

Die Umwandlung von verwilderten Brachflächen in Bauplätze vor allem an den Ortsrändern vertreibt die Kinder einerseits oft von ihren Spielorten, andererseits können dadurch - zumindest vorübergehend - auch neue Spielmöglichkeiten (Baumaterial) entstehen.

Anhang B: Literatur

Achnitz, Ch.: Bausteine für kinderfreundliche Stadtquartiere, Stadtsanierungsamt Tübingen (hekt. Man.), 1993

Baudrillard, J.: Die Agonie des Realen, Berlin 1978

Beck-Gernsheim, E.: Die Inszenierung der Kindheit, in: Psychologie heute, Dez. 1987

Behnken, I.; Zinnecker, J.: Straßenkinder und ihre Wächter, in: Die alte Stadt 2, 1992

Behnken, I. (Hg.): Stadtgesellschaft und Kindheit im Prozeß der Zivilisation, Opladen 1990

Berg-Laase, G. u.a.: Verkehr und Umwelt im Alltag von Kindern. Eine sozialökologische Studie zur Aneignung städtischer Umwelt am Beispiel ausgewählter Wohngebiete in Berlin(West), Pfaffenweiler 1985

Bericht der Enquete-Kommission "Situation der Kinder in Rheinland-Pfalz - Rechte der Kinder in einer sich wandelnden Welt", Berichterstatterin Anne Spurzem, Drucksache 12/7930, Januar 1996

Blinkert, B.: Krise der Gesellschaft als Krise der Kindheit, in: Stadt Freiburg, Das Sozialdezernat informiert: Kindergärten. Bestand und Planung, Freiburg 1989, S. 26-38

Blinkert, B.: Aktionsräume von Kindern in der Stadt. Eine Untersuchung im Auftrag der Stadt Freiburg (Freiburger Kinderstudie), Pfaffenweiler 1993

Bronfenbrenner, U.: The social role of the child in ecological perspective, in: Zeitschrift f. Soziologie, S. 4-20, 1978

Bronfenbrenner, U.: Ökologische Sozialisationsforschung, hrsg. von K. Lüscher, Stuttgart 1976

Bundesminister für Raumordnung, Bauwesen und Städtebau: Kinderfreundliches Umfeld. Kinderspiel im Straßenraum, Reihe Städtebauliche Forschung, 03.087, Bonn 1980

Charlton, M.; Neumann, K.: Medienkonsum und Lebensbewältigung in der Familie, München-Weinheim: Psychologie Verlags Union, 1986

Degen-Zimmermann, D.; Hollenweger, J.; Hüttenmoser, M.: Zwei Welten. Zwischenbericht zum Projekt "Das Kind in der Stadt", Schweizerischer Nationalfonds zur Förderung der wissenschaftlichen Forschung. Nationales Forschungsprogramm Stadt und Verkehr, Muri 1992

Deutscher Bundestag: Lebenssituation von Kindern in der BRD, Drucksache 10/4623, 1986

Einsiedler, W. (Hg.): Aspekte des Kinderspiels, Weinheim/Basel, 1985

Engelbert, A.: Kinderalltag und Familienumwelt. Eine Studie über die Lebenssituation von Vorschulkindern, Frankfurt/New York 1986

Gebhard, M.; Malkus, A.; Nagel, G.: Spielraum Stadt. Bewertung der Spielqualität städtischer Freiräume in Hannover, Schriftenreihe des Fachbereichs Landespflege d. Univ. Hannover, Bd.23 Beiträge zur räumlichen Planung, 1989

Harms, G.; Preissing, Chr.; Richtermeier, A.: Kinder und Jugendliche in der Großstadt, Berlin 1985

Hassenstein, B.: Verhaltensbiologie des Kindes, München 1987

Hengst, H.: Tendenzen der Liquidierung von Kindheit, in: H. Hengst et al. (Hg.), Kindheit als Fiktion, Frankfurt 1981

Hetzer, H.; Benner, L.; Pée, L.: Kinderspiel im Freien, München/Basel 1966

Hurrelmann, B. u.a.: Familie und erweitertes Medienangebot, Düsseldorf 1988

Jacob, J.: Kinder in der Stadt. Freizeitaktivitäten, Mobilität und Raumwahrnehmung, Pfaffenweiler 1987

Krause, H.J.; Orth, T.; v.Seggern, H.: Kinder in der Innenstadt auf Straßen und Plätzen. Zum Einfluß der sozialen und städtebaulichen Umwelt auf die Lebensverhältnisse und Sozialisationsbedingungen von Kindern in innerstädtischen Gebieten, Hamburg, hekt.Man., 1977

Krause, H.J.; Ohrt, T.; v.Seggern, H.: Kinder in der Stadt, Teil II, Hamburg (hekt.Man.) 1977

Lange, A.: Kindsein heute: Theoretische Konzepte und Befunde der sozialwissenschaftlichen Kindheitsforschung sowie eine Explorativuntersuchung zum Kinderalltag in einer bodenseenahen Gemeinde, Konstanz 1996

Lüscher, K.: Ökologie und menschliche Entwicklung in soziologischer Sicht, in: L.A.Vascovics (Hg.): Umweltbedingungen familialer Sozialisation, Stuttgart 1982

Lüscher, K.: Politik für Kinder - Politik mit Kindern, hekt. Vortragsmanuskript 1996

Lüscher, K.: Sozialpolitik für das Kind, in: Ch. v.Ferber; F.X. Kaufmann (Hg.), Soziologie und Sozialpolitik, Opladen 1977

Meyer, B.: Freiheitsentzug ohne Urteil. Behinderung und Probleme für Kinder und alte Menschen auf der Straße, in: Sozialmagazin 7/8, S.14-20, 1991

Muchow, M., Muchow, H.: Der Lebensraum des Großstadtkindes, Bensheim 1982

Neumann, K., Charlton, M.: Kinder, Medienkonsum und Familienwelt - Ergebnisse einer Längsschnittuntersuchung, in: Zeitschrift f. Sozialisationsforschung u. Erziehungssoziologie 1990, Heft 1, 1990

Pfetsch, B., Neumann, K.: Am (N)Kabel der Welt? Kinder und Kabelkommunikation, in: Psychosozial 13 Jg., Heft IV, 1990

Popitz, H.: Wege der Kreativität. Erkunden, Gestalten, Sinnstiften. Manuskript Veröffentlichung 1997 (Tübingen, Mohr/Siebeck)

Postman, N.: Das Verschwinden der Kindheit, Frankfurt 1987

Preuss-Lausitz, U. u.a. (Hg.): Kriegskinder, Konsumkinder, Krisenkinder. Zur Sozialisationsgeschichte seit dem Zweiten Weltkrieg, Weinheim/Basel 1983

Rauschenbach, B.; Wehland, G.: Zeitraum Kindheit. Zum Erfahrungsraum von Kindern in unterschiedlichen Wohngebieten, Heidelberg 1989

Rerrich, M.S.: Veränderte Elternschaft. Entwicklungen der familialen Arbeit mit Kindern seit 1950, in: Soziale Welt, S. 421-449, 1983

Sachs, W.: Kindheit in der Autogesellschaft, in: Psychologie heute 2, 1982

Schenker, S.: Hilfe - noch ein Spielplatz. Ein Plädoyer für das Abschaffen von Spielplätzen, in: Zacharias, W. (Hg.): Spielraum für Spielräume. Zur Ökologie des Spiels, Materialienreihe Spiel- und Kulturpädagogik. Pädagogische Aktion, 1986 (IPA-Sektion BRD,München), 1986

Schottmayer, G.: Wohnen vor der Tür: Spielplätze - Plätze zum Spielen, in: Neue Landschaft 32, 1987

Thiemann, F.: Kinder in den Städten, Frankfurt 1988

Zapf, K.: Kinder in alten Stadtquartieren und in neuen Siedlungen, in: Bundesminister für Raumordnung, Bauwesen und Städtebau: Kinderfreundliche Umwelt aaO

Zeiher, H.: Organisation des Lebensraums bei Großstadtkindern - Einheitlichkeit oder Verinselung? in: Bertels, L. u. Herlyn, U. (Hg.): Lebenslauf und Raumerfahrung. Opladen 1990, S. 35-55

Zeiher, H.: Die Spielräume der Kinder, in: W. Zacharias (Hg) aaO , 1986

Zeiher, H.: Das Eindringen moderner Zeitorganisation in die Lebensbedingungen von Kindern, in: Zeitschrift f. Sozialisationsforschung u. Erziehungssoziologie, 1984

Zeiher, H.: Die vielen Räume der Kinder, in: Preuss-Lausitz, U. et al.: Kriegskinder. Konsumkinder. Krisenkinder. Zur Sozialisationsgeschichte seit dem Zweiten Weltkrieg. Weinheim/Basel 1983

Zinnecker, J.: Straßensozialisation, in: Zeitschrift f. Pädagogik 5, S. 727-746, 1979

Zinnecker, J.: Vom Straßenkind zum verhäuslichten Kind, in: I. Behnken (Hg.), Stadtgesellschaft und Kindheit im Prozeß der Zivilisation, Opladen 1990

I. ALLGEMEINE FRAGEN

Frage 1 Wieviel Kinder unter 18 Jahren leben bei Ihnen? _________ Kind/Kinder.

Frage 2 Wie alt sind Ihre Kinder? Geben Sie bitte auch an, ob es sich um ein Mädchen oder einen Jungen handelt. Bitte benutzen Sie für Ihre Angaben das untenstehende Schema.

	Alter des Kindes	Ist das betreffende Kind ein Mädchen oder ein Junge? (bitte ankreuzen)	
1. Kind:		Mädchen	Junge
2. Kind:		Mädchen	Junge
3. Kind:		Mädchen	Junge
4. Kind:		Mädchen	Junge
5. Kind:		Mädchen	Junge

Frage 3 Wie setzt sich Ihr Haushalt zusammen? Kreuzen Sie bitte die für Sie zutreffende Kategorie an.

	eine erwachsene Person und ein Kind, bzw. mehrere Kinder ("Einelternfamilie")
	mehrere erwachsene Personen und ein Kind, bzw. mehrere Kinder

Frage 4 Wie lange wohnen Sie schon in diesem Ort?

Ungefähr __________ Jahre

Frage 5 Wie lange wohnen Sie schon in dieser Wohnung?

Ungefähr __________ Jahre

Frage 6 Wie alt sind Sie?

Mutter: ________ Jahre

Vater: ________ Jahre

II. FRAGEN ZUR SITUATION IHRER KINDER

Die folgenden Fragen in dem farbigen Fragebogen beziehen sich auf die Situation Ihrer Kinder im Alter von **5 bis 12** Jahren. Wenn Sie auch ältere oder jüngere Kinder haben, so beantworten Sie die Fragen bitte **nur** für Ihre Kinder im Alter von 5 bis 12.

Für den Fall, daß Sie mehrere Kinder in diesem Alter haben, verwenden Sie bitte für **jedes Kind einen eigenen farbigen Fragebogen**.

Falls Sie **mehrere Kinder im Alter von 5 bis 12** haben und deshalb mehrere Fragebogen ausfüllen: Auf **welches** Kind beziehen sich die folgenden Antworten?

Alter dieses Kindes	....	Jahre
Geschlecht		Mädchen
		Junge

Frage 7 Kann Ihr Kind draußen in unmittelbarer Nähe der Wohnung spielen? Welche der folgenden Aussagen ist am ehesten zutreffend? (Bitte nur EINE Antwort ankreuzen.)

	ja - ohne Beaufsichtigung und ohne Bedenken	☞ BITTE WEITER MIT FRAGE 9
	ja - ohne Beaufsichtigung aber mit Bedenken	☞ BITTE WEITER MIT FRAGE 8
	ja - aber nur unter Aufsicht	
	nein - das ist überhaupt nicht möglich	

Frage 8 Wenn Ihr Kind nur unter Aufsicht oder überhaupt nicht draußen spielen kann oder wenn Sie Bedenken haben: Geben Sie bitte mit ein paar Stichworten die wichtigsten Gründe dafür an, warum das Spielen außerhalb der Wohnung für Ihr Kind mit Problemen verbunden ist.

Welche Veränderungen erscheinen Ihnen notwendig?

Frage 9 Welche Spielorte sucht Ihr Kind draußen - also außerhalb der Wohnung - **immer wieder** auf? Nennen Sie bitte nur die Orte, an denen Ihr Kind **ohne Aufsicht** spielen kann. (Sie können MEHRERE MÖGLICHKEITEN ankreuzen.)

	nicht zutreffend, da unser/mein Kind ohne Aufsicht draußen überhaupt nicht spielt
OHNE AUFSICHT spielt unser/mein Kind immer wieder...	
	im Garten, im Hof
	vor dem Haus
	auf dem Gehsteig, bzw. auf einer normalen Straße
	auf einer Spielstraße
	auf einem Spielplatz in der Nähe (nicht mehr als 300 m von der Wohnung entfernt)
	auf einem öffentlichen Platz in der Nähe der Wohnung (nicht weiter als 300 m)
	auf einem Schulhof in der Nähe (nicht weiter als 300 m)
	auf einer Wiese, im Wald, in einem Park in Wohnungsnähe (nicht mehr als 500 m entfernt)
	auf einer Wiese, im Wald, in einem Park - mehr als 500 m von der Wohnung entfernt
	auf einem Sportplatz, im Schwimmbad
	an anderen Orten - bitte eintragen:

Frage 10 Gibt es in der Nähe Ihrer Wohnung **naturnahe Flächen**, die Ihr Kind zum Spielen nutzen kann? - z.B. auf einer unbewirtschafteten Brachfläche, auf einer Wiese, in einem Wald, in einem Park.

	nein - das gibt es nicht	☞ BITTE WEITER MIT FRAGE 12
	ja - solche naturnahen Flächen gibt es	☞ BITTE WEITER MIT DER NÄCHSTEN FRAGE

Was sind das für Flächen?

____

____

Frage 11 Werden diese naturnahen Flächen von Ihrem Kind zum Spielen genutzt?

	nein, werden nicht genutzt		**ja** - diese Flächen werden auch genutzt
↕		↕	
Warum werden diese Flächen nicht genutzt? Bitte die Gründe mit ein paar Stichworten nennen.		Wissen Sie, was Ihre Kinder da tun?	
			nein - das ist mir nicht bekannt
			ja - das weiß ich; sie tun u.a. folgendes (bitte ankreuzen, Mehrfachangaben möglich):
			bauen, graben
			am/mit Wasser spielen
			klettern
			verstecken
			sich treffen/picknicken
			sammeln, Früchte ernten
			beobachten
			Feuer machen
			etwas ganz anderes - bitte notieren:

Frage 12 Kann Ihr Kind in Nebengebäuden wie z.B. in einer Scheune oder in einem Stall oder auf einem Dachboden spielen?

	nein - so etwas ist in erreichbarer Nähe nicht vorhanden			
	nein - so etwas ist zwar vorhanden, aber es wird nicht genutzt			
	Bitte die Gründe dafür angeben:		zu gefährlich		verboten
	ja - solche Gelegenheiten sind da und werden auch genutzt			

Frage 13 Hat Ihr Kind in erreichbarer Nähe Spielkameraden? Welche Aussage ist am ehesten zutreffend? (Bitte nur EINE ANTWORT ankreuzen)

	ja - kann die Spielkameraden auch selber erreichen
	ja - kann die Spielkameraden selber erreichen, aber der Weg dahin ist problematisch
	ja - aber der Transport zu den Spielkameraden muß organisiert werden
	nein - Spielkameraden sind nicht vorhanden, bzw. nicht erreichbar

Frage 14 Hat Ihr Kind im letzten Monat **außerschulische** Veranstaltungen bzw. Kurse besucht? (z.B. Sport, Flötenunterricht, Therapie, Malkurs u.ä.). Was ist für Ihr Kind zutreffend? (Bitte nur EINE ANTWORT wählen)

	nein - keine Kurse oder Veranstaltungen besucht	☞ BITTE WEITER MIT FRAGE 16
	ja - im Durchschnitt einmal pro Woche oder weniger	☞ BITTE WEITER MIT FRAGE 15
	ja - im Durchschnitt zweimal pro Woche	
	ja - im Durchschnitt mehr als zweimal pro Woche	

Frage 15 Wenn Sie mit **"ja"** geantwortet haben:
Kann Ihr Kind alleine dahin gehen oder fahren - oder muß bei mindestens einer dieser Veranstaltungen für den Transport gesorgt werden?

	ja - kann **alleine** dahin
	nein - für den Transport muß gesorgt werden

Frage 16 Besucht Ihr Kind **nachmittags** einen Kindergarten, einen Hort, eine Kindertagesstätte oder eine vergleichbare Einrichtung?

	ja - besucht eine solche Einrichtung
nein - besucht **keine** solche Einrichtung und zwar ...	
	weil **kein Bedarf** besteht
	es besteht zwar ein Bedarf, aber es ist **kein freier Platz** vorhanden
	es besteht ein Bedarf, aber **in der Nähe** gibt es keine geeignete Einrichtung

Frage 17 Haben Sie die Betreuung Ihres Kindes an Nachmittagen auch **privat** organisiert? (Bitte die zutreffende Antwort ankreuzen)

	ja - mein/unser Kind kann von Verwandten, Bekannten, Freunden **ausreichend** betreut werden
	ja - aber die Betreuung meines/unseres Kindes durch Verwandte, Bekannte oder Freunde ist nur **unzureichend** möglich
nein - eine private Betreuung an Nachmittagen erfolgt nicht ...	
	weil **kein Bedarf** besteht
	es besteht zwar ein Bedarf, aber eine private Betreuung ist **nicht möglich**

Frage 18 In der nachfolgenden Tabelle sind einige ausgewählte Tätigkeiten von Kindern aufgeführt. Wieviel Zeit verbringt Ihr Kind im *Durchschnitt* mit diesen Tätigkeiten?

* Überlegen Sie zunächst einmal, *an wieviel Tagen in der Woche* Ihr Kind sich mit einer dieser Tätigkeiten beschäftigt.
* Geben Sie bitte auch an, *wieviel Zeit* Ihr Kind damit im Durchschnitt *pro Tag* verbringt.

Berücksichtigen Sie bitte die letzte Woche ohne Sonntag und Samstag. Versuchen Sie bitte, die Zeiten ungefähr zu schätzen. Falls Ihr Kind krank gewesen sein sollte oder die letzte Woche aus einem anderen Grund ungewöhnlich gewesen sein sollte: Berücksichtigen Sie bitte die letzte "normale" Woche. Wenn das nicht möglich ist, übergehen Sie bitte diese Frage.

	über-haupt nicht	an wieviel Tagen in der Woche? (bitte eintragen)	Wie lange im Durchschnitt an diesen Tagen? (bitte ankreuzen)				
			bis 30 Minuten	30 bis 60 Minuten	60 bis 90 Minuten	90 bis 120 Minuten	mehr als 120 Minuten
ohne Aufsicht draußen spielen			- 30	30-60	60-90	90-120	120 u.m.
unter Aufsicht eines Erwachsenen draußen spielen			- 30	30-60	60-90	90-120	120 u.m.
Fernsehen oder Videos anschauen			- 30	30-60	60-90	90-120	120 u.m.
alleine, d.h. ohne andere Kinder in der Wohnung spielen			- 30	30-60	60-90	90-120	120 u.m.
mit anderen Kindern in der Wohnung spielen			- 30	30-60	60-90	90-120	120 u.m.
Schulaufgaben machen oder andere Pflichten erledigen			- 30	30-60	60-90	90-120	120 u.m.
In einer organisierten Nachmittags-betreuung (Hort, Kindergarten o.ä.)			- 30	30-60	60-90	90-120	120 u.m.
in außerschulischen Veranstaltungen, Kursen, Training u.ä.			- 30	30-60	60-90	90-120	120 u.m.

Frage 19: Auf der folgenden Liste stehen verschiedene Tätigkeiten und Eigenschaften. Gehen Sie die Liste bitte durch und kreuzen Sie dann die zutreffende Antwort an.

Tätigkeiten, Eigenschaften	Was ist zutreffend? (Bitte ankreuzen)		
Fallen Ihrem Kind feinmotorische Leistungen wie z.B. Schreiben oder Basteln leicht?	Ja, meistens	manchmal	meistens nicht
Verletzt sich Ihr Kind selten und ist es körperlich geschickt?	Ja, meistens	manchmal	meistens nicht
Balanciert Ihr Kind gerne?	Ja, meistens	manchmal	meistens nicht
Ist Ihr Kind im Vergleich zu Gleichaltrigen schnell?	Ja, meistens	manchmal	meistens nicht
Fällt Ihrem Kind das Sprechen leicht?	Ja, meistens	manchmal	meistens nicht
Rechnet Ihr Kind gerne?	Ja, meistens	manchmal	meistens nicht
Ist Ihr Kind kontaktfreudig und mutig?	Ja, meistens	manchmal	meistens nicht
Ist Ihr Kind bei anderen Kindern beliebt und akzeptiert?	Ja, meistens	manchmal	meistens nicht
Ist Ihr Kind ausdauernd und geduldig, wenn etwas nicht gleich klappt?	Ja, meistens	manchmal	meistens nicht
Ist Ihr Kind zappelig, unkonzentriert und impulsiv?	Ja, meistens	manchmal	meistens nicht

DIESES BLATT WIRD NACH DER VERSCHLÜSSELUNG IHRES WOHNGEBIETES AUS DEM FRAGEBOGEN ENTFERNT

Durch die Umfrage wollen wir herausfinden, wie die Spielmöglichkeiten für Kinder in verschiedenen Wohngebieten Ihrer Gemeinde sind. Das ist nur möglich, wenn wir Ihre Anschrift kennen. Teilen Sie uns deshalb bitte mit, ob die Anschrift unter der wir Sie und Ihr Kind/Ihre Kinder erreicht haben, noch zutreffend ist.

	die Anschrift stimmt
	die Anschrift stimmt nicht - meine/unsere neue Adresse lautet (bitte Straße und Hausnummer eintragen):

Ihre Anschrift ordnen wir mit einer Kennziffer Ihrem Fragebogen zu.

Wir versichern Ihnen, daß die Anonymität der Auswertung trotzdem gewahrt bleibt. Nach der Verschlüsselung des Wohngebietes wird das Blatt mit Ihrer Anschrift aus dem Fragebogen entfernt. Wenn Sie befürchten, daß trotz unserer Zusicherung eine anonyme Auswertung nicht gewährleistet ist, senden Sie uns bitte den Fragebogen ohne dieses Blatt.

Nach Abschluß der Auswertungen möchten wir uns gerne von einigen Kindern ihr Wohn- und Spielgebiet zeigen lassen. Wir möchten gerne kennenlernen, wie die Kinder selber ihre Spielmöglichkeiten außerhalb der Wohnung einschätzen. Diese Begehung wird von erfahrenen Pädagogen geleitet. Um eine möglichst breite Auswahlbasis für eine Stichprobe zu haben, würden wir schon jetzt gerne wissen, welche Kinder daran teilnehmen dürfen und teilnehmen möchten.
Teilen Sie uns bitte mit, ob wir Sie und Ihr Kind deshalb ansprechen dürfen.

	ja - wir wären damit einverstanden und sind **telefonisch** erreichbar unter der Nummer:	
	nein - wir möchten lieber nicht daran teilnehmen	

WIR BEDANKEN UNS BEI IHNEN FÜR IHRE MITARBEIT.

WOHNUMFELDINVENTAR

Fall-Nr.:
Gemeinde.:
Name:

Adresse:

A. HAUSBEREICH, WOHNUNG

1. *Haustyp/Bauweise:*
(1) freistehendes Einfam.Haus
(2) Reihenhaus
Mietwohnungsbau:
(3) Zeilenbauweise
(4) Blockrandbebauung
(5) Punkthaus
(6) sonstiges: ____________________

2. *Wenn Mietwohnungsbau:*
Zahl der Geschosse:

3. *Zahl der Parteien im Haus* (Klingel, Namensschilder):

4. *Lage der Wohnung:*
(1) Erdgeschoß
(2) Obergeschoß ☞
Stockwerk:__________
(-8) nicht zutreffend, da Einfam.Haus, Reihenhaus

5. *Sind Nebengebäude vorhanden (z.B. Scheune, Stall)*
(0) nein
(1) ja

B. WOHNUNGSNAHE ZONE (Umkreis von 50 m)

6. *Breite des Gehwegs*
(1) Haus liegt direkt an einer Straße, kein Gehweg
(2) Gehweg vor dem Haus - mit einer Breite
von __________________ Metern
(-8) nicht zutreffend, das Haus liegt nicht an einer Straße, kein Gehweg

7. *Straßentyp, Verkehrssituation*

7.1 *Fahrbahnbreite vor dem Haus:*
wenn an einer Straße - Fahrbahnbreite: __________ Meter
(-8) nicht zutreffend, das Haus liegt nicht an einer Straße

7.2 *Verkehrsberuhigung:*(evtl.Mehrfachnennungen)
(0) ohne Tempo 30: Durchgangsstraße
(1) ohne Tempo 30: Einbahnstraße
(2) Tempo 30: Durchgangsstraße
(3) Tempo 30: Einbahnstraße
(4) Tempo 30: Sackgasse, Anliegerstraße
(5) weniger als Tempo 30: Spielstraße, Fußgängerbereich, Vorrecht für Fußgänger
(-8) nicht zutreffend, das Haus liegt nicht an einer Straße

7.3 *Radweg vor dem Haus?*
(0) kein Radweg
(1) Radweg, Radfahrstreifen auf Gehweg
(-8) nicht zutreffend, das Haus liegt nicht an einer Straße

7.4 *ruhender Verkehr, parkende Fahrzeuge*
Anzahl der parkenden Fahrzeuge 25 m rechts und 25 m links vom Eingang:
____________________ Fahrzeuge
(-8) nicht zutreffend, Haus liegt nicht an einer Straße

8. *Übergang Haustür - Straße*

8.1 *Nächste Entfernung von der Haustür zu einer mit Kraftfahrzeugen befahrenen Straße*
____________________ Meter
(-8) nicht zutreffend, keine Straße in der Nähe (nächste Straße ist mehr als 30 m entfernt)

8.2 *Platz, Stellfläche vor der Haustür?*
(0) nein kein Platz, Vorplatz, Stellplatz
(1) ja, bis 10 qm großer Platz
(2) ja, 10 - 20 qm großer Platz
(3) ja, Platz ist 20 qm und größer
(-8) nicht zutreffend, Haus liegt nicht an einer Straße

8.3 *Vorgarten vor dem Haus?*
(0) nein, kein Vorgarten
(1) ja, aber Vorgarten ist so abgegrenzt, daß Kinder ihn nicht nutzen können (höhere Hecke, Zaun)
(2) ja, Vorgarten ist für Kinder erreichbar
(-8) nicht zutreffend, Haus liegt nicht an einer Straße

8.4 *Sonstiges, was als Übergang zwischen Haustür und Straße dienen kann und/oder als Spielfläche direkt vor dem Haus genutzt werden könnte -* **notieren**:

C. UMKREIS VON 200 M ("STREIFZONE")

9. *Bebauung, Haustypen im 200M-Radius*

	nicht vorh.	kommt vor	dominant (mehr als 50 %)
freistehende Einfam. Häuser	(0)	(1)	(2)
Reihenhäuser	(0)	(1)	(2)
Mietwohnungsbau:			
Zeilenbebauung	(0)	(1)	(2)
Blockrandbebauung	(0)	(1)	(2)
Hochhäuser (> 8 Stockwerke)	(0)	(1)	(2)

10. *Nutzungsarten im 100 m-Radius*

(1) reines Wohngebiet: keine Betriebe des gewerblichen Sektors, keine Dienstleistungen (Läden, Kneipen, Kinos u.ä.)

(2) überwiegend Wohngebiet mit Dienstleistungen: Einkaufsläden, Friseur, Kneipen, Kino, Apotheke u.ä.

(3) Mischgebiet: Wohngebiet mit Betrieben des gewerblichen Sektors (Handwerk, Industrie, Baugewerbe)

(4) Mischgebiet: Wohngebiet mit Dienstleistungen (s.o., Pkt.2) und Betrieben des gewerblichen Sektors

11. *Verkehrsreiche Straße im 200M-Radius?*

(0) nein

(1) ja

12. *naturnahe Flächen, zusammenhängende Grünzonen im 200M-Radius (Wiese, Büsche, Bäume, Wald, Parkanlagen...)*

- evtl. Mehrfachangaben -

(0) nichts vorhanden

(1) Flächen bis zu einer halben Sportplatzfläche

(2) Flächen von einer halben bis zu einer ganzen Sportplatzfläche

(3) Flächen mit mehr als einer Sportplatzfläche

13. *Art der naturnahen Flächen/der Grünflächen:*

- evtl. Mehrfachangaben -

(0) nichts vorhanden

(1) wenig oder nicht gepflegte Flächen (Brachen, Wald, Flußauen)

(2) gepflegte Grünzonen (parkartige Flächen)

(3) landwirtschaftlich genutzte Flächen

14. *Wasserstellen im 200M-Radius?*

- evtl. Mehrfachangaben -

(0) nein

(1) Brunnen, Pumpen

(2) Bach, Flußlauf

(3) Weiher, Teich

15. *Spielplätze im 200M-Radius*

Anzahl:______ kleiner als 200 qm

Anzahl:______ ca. 200 qm - 1.500 qm (ca. 40m x 40m)

Anzahl:______ 1.500 qm und größer

16. *zugängliche Schulhöfe und Außenanlagen von Kindergärten im 200M-Radius*

Anzahl:

17. *allgemein zugängliche Sportplätze, Bolzplätze im 200M-Radius*

Anzahl:

Beobachter:

FREIBURGER-SOZIOTOPEN-TEST (FST)

I. WOHNUNGSNAHER BEREICH			
Merkmal	*Merkmalsausprägung*	*Bewertung*	*Punktzahl*
1. Haustyp	Einfamilien- oder Reihenhaus	**0**	
	anderer Haustyp	**11**	
2. Geschoß der Wohnung	Erdgeschoß	**0**	
	1. Stockwerk	**6**	
	2. Stockwerk und höher	**12**	
3. Garten und/oder Hof vorhanden?	kein Garten, kein Hof	**0**	
	nur ein Hof (asphaltiert, fester Belag)	**-7**	
	Garten oder Garten und Hof	**-14**	
4. Entfernung von der Haustür zur Straße	mehr als 20 m oder: Haus liegt nicht an einer Straße	**0**	
	5 bis 20 Meter	**10**	
	weniger als 5 Meter	**21**	
5. Vorgarten vorhanden?	kein Vorgarten	**0**	
	Vorgarten vorhanden, aber nicht nutzbar	**-9**	
	Vorgarten vorhanden und nutzbar	**-18**	
6. Freiflächen vor dem Haus (ohne Bürgersteig)	keine Freiflächen	**0**	
	vorhanden: weniger als 20 qm	**-8**	
	vorhanden: 20 qm und mehr	**-16**	
		Summe I:	

II. NAHRAUM (50m-Zone)				
Merkmal		*Merkmalsausprägung*	*Bewertung*	*Punkt-zahl*
7.	Temporegelung	weniger als Tempo 30, Spielstraße	**0**	
		Tempo30-Zone	**15**	
		Tempo 50	**29**	
8.	Lärmbelastung	gering (weniger als 55 dB)	**0**	
		mittel (55 bis 65 dB)	**9**	
		stark (mehr als 65 dB)	**18**	
9.	Parkende Fahrzeuge 25m rechts und links vom Hauseingang	weniger als 4	**0**	
		4 bis 9 Fahrzeuge	**9**	
		10 und mehr Fahrzeuge	**17**	
10.	Fahrbahnbreite vor dem Haus	keine Fahrbahn; Gebäude liegt nicht an einer Straße	**0**	
		bis 6 Meter	**13**	
		mehr als 6 Meter	**26**	
			Summe II:	

III. STREIFRAUM (100/150m-Zone)			
Merkmal	*Merkmalsausprägung*	*Bewertung*	*Punktzahl*
11. Art der Nutzung im Streifraum	reines Wohngebiet	**0**	
	Mischgebiet mit überwiegender Wohnnutzung	**12**	
	Mischgebiet mit überwiegender gewerblicher Nutzung	**23**	
12. Verkehrsreiche Straßen (Hauptverkehrsstraßen) in der Nähe?	nein	**0**	
	ja, eine verkehrsreiche Straße	**9**	
	ja, mehrere verkehrsreiche Straßen (mind. zwei)	**18**	
13. größere zusammenhängende Grünflächen im Streifraum (Wiese, Wald, Park) - Größe: mindestens ein halber Fußballplatz	nein, keine	**0**	
	ja, mindestens eine	**-10**	
14. kleinere Spielplätze im Streifraum (Größe: kleiner als 200 qm)	nein, keine	**0**	
	ja, mindestens einer	**-8**	
15. größere Spielplätze im Streifraum (Größe: 200 qm und mehr)	nein, keine	**0**	
	ja, mindestens einer	**-10**	
16. Bolzplätze im Streifraum	nein, keine	**0**	
	ja, mindestens einer	**-9**	
		Summe III:	

ZUSAMMENFASSUNG: Berechnung der Bewertungszahl		
Summe I		
Summe II	+	
Summe III	+	
Konstante	+	69
Bewertungszahl	=	

Erläuterungen

I. 25 Punkte und weniger: "sehr gut"

In einem "sehr guten Wohnumfeld" (25 Punkte und weniger) werden von den Eltern so gut wie gar keine Gefahren oder Zugangsbeschränkungen berichtet. Die Interaktionschancen sind sehr gut: Die überwiegende Mehrheit der Kinder kann Spielkameraden in der Nähe selber erreichen. Fast alle Kinder haben regelmäßig drei und mehr Spielorte zur Auswahl. Es gibt kaum Eltern, die mit den Spielmöglichkeiten für ihre Kinder unzufrieden sind. Es wird viel draußen gespielt. Im Durchschnitt halten sich Kinder fast 90 Minuten draußen ohne Aufsicht auf. Der Betreuungsbedarf ist sehr niedrig. Die Chance, auch ohne Transportleistung durch die Eltern eine Veranstaltung besuchen zu können, ist für die meisten Kinder gegeben. Das Fernsehen besitzt eine relativ geringe Bedeutung für den Kinderalltag. Das gilt auch für Kinder aus bildungsfernem Milieu, die unter diesen Wohnumfeldbedingungen weniger als eine Stunde vor dem Fernseher verbringen.

II. 26 bis 75 Punkte: "gut"

Die mit "gut" eingestuften Wohnumfelder (26 bis 75 Punkte) unterscheiden sich im Hinblick auf die Aktionsraumkriterien nur wenig von den "sehr guten" Gebieten. Am deutlichsten ist der Unterschied bei dem Kriterium "Gestaltbarkeit". Der Anteil der Kindern, die mehr als drei Spielorte zur Auswahl haben, ist mit rund 65 % spürbar geringer als in den "sehr guten" Gebieten. Belastungen und Gefährdungen durch den Straßenverkehr werden kaum berichtet. Die etwas älteren Kinder (8 bis 10 Jahre) haben in einem solchen Wohngebiet zufriedenstellende Spielmöglichkeiten. Nur wenige Eltern (20 %) sind mit der Aktionsraumqualität für ihre Kinder unzufrieden. Kinder können im Durchschnitt deutlich länger als eine Stunde pro Tag draußen ohne Aufsicht spielen. Die Chance, an einem organisierten Angebot teilzunehmen, ist recht gut. Der Bedarf nach organisierter Nachmittagsbetreuung ist deutlich niedriger als im Durchschnitt der Stadt.

III. 76 bis 125 Punkte: "durchschnittlich"

Auch in einem "durchschnittlichen Wohnumfeld" (76 bis 125 Punkte) haben die meisten Kinder zufriedenstellende Spielmöglichkeiten. Alle vier Kriterien sind nur wenig schlechter als in den "guten" Gebieten. In einem mit "durchschnittlich" eingestuften Umfeld sind vor allem die Spielmöglichkeiten für die schon etwas älteren Kinder durchaus passabel. 30 % der Eltern sind mit den Spielmöglichkeiten für ihre Kinder unzufrieden. Die von Kindern draußen verbrachte Zeit liegt im Durchschnitt bei einer Stunde pro Tag. Für rund 25 % der Kinder besteht ein Bedarf nach organisierter Nachmittagsbetreuung.

IV. 126 bis 175 Punkte: "schlecht"
mehr als 175 Punkte: "sehr schlecht"

Die mit "schlecht" und "sehr schlecht" eingestuften Wohnumfelder unterscheiden sich sehr deutlich von den besser klassifizierten Gebieten. Alle vier Kriterien für einen Aktionsraum sind erheblich schlechter als in den "durchschnittlichen" Gebieten. In einem "schlechten Wohnumfeld" (126 bis 175 Punkte) wird von der Hälfte der Eltern über Gefahren und Zugangsbeschränkungen berichtet. Die Interaktionschancen sind ungünstig: Nur 40 % der Kinder können Spielkameraden in der Nähe selber erreichen. Die Gestaltungsmöglichkeiten sind für viele Kinder sehr schlecht. Nur 30 % können zwischen drei und mehr Spielorten auswählen. Ungefähr zwei Drittel aller Eltern sind mit den Spielmöglichkeiten für ihre Kinder unzufrieden. Die ungünstige Aktionsraumqualität führt dazu, daß Kinder im Durchschnitt nicht mehr als eine halbe Stunde ohne Aufsicht draußen spielen können. Der von Eltern zu leistende Betreuungsaufwand ist erheblich. Kinder aus bildungsfernen Milieus verbringen mehr als eine Stunde pro Tag vor dem Fernseher. Für rund 40 % der Kinder wird ein Bedarf nach organisierter Nachmittagsbetreuung angemeldet.

Nochmals deutlich ungünstiger sind die mit "sehr schlecht" eingestuften Wohnumfelder (176 Punkte und mehr). Von der Mehrheit der Eltern werden Gefahren und Zugangsbeschränkungen berichtet. Für die meisten Kinder gibt es kaum Interaktionschancen mit Gleichaltrigen. Nur 30 % können einen Spielkameraden selber erreichen. Wegen der geringen Wahlmöglichkeiten - nur 10 % der Kinder haben drei und mehr Spielorte zur Auswahl - sind die Gestaltungsmöglichkeiten außerordentlich schlecht. Ein so beschaffenes Wohnumfeld eignet sich allenfalls für Singles, aber auch das ist zweifelhaft. Auf keinen Fall aber sollten Familien mit Kindern in einem solchen Umfeld wohnen. Nahezu alle Eltern sind mit den Spielmöglichkeiten für ihre Kinder in höchstem Maße unzufrieden. Wohngebiete mit dieser Einstufung bieten Kindern in jeder Hinsicht nur ungünstige Entwicklungschancen: Kinder können im Durchschnitt nur eine Viertelstunde pro Tag ohne Aufsicht draußen spielen und vielen Kindern ist das überhaupt nicht möglich. Die etwas älteren Kinder von Eltern mit einfachem Bildungsabschluß sitzen dafür mehr als eineinhalb Stunden vor dem Fernseher. Viele Eltern sind gezwungen, ihre Kinder draußen beim Spielen zu beaufsichtigen: Im Durchschnitt fast eine Stunde pro Tag. Nur wenige Kinder können an organisierten Angeboten teilnehmen und wenn sie das wollen, sind sie darauf angewiesen, daß die Eltern den Transport übernehmen. Wegen der schlechten Spielmöglichkeiten besteht auch ein sehr hoher Bedarf nach organisierter Betreuung. Für fast die Hälfte aller Kinder wird ein solcher Bedarf angemeldet.

Information

Das *Freiburger Institut für angewandte Sozialwissenschaft e.V.* (FIFAS) wurde 1983 als gemeinnütziger Verein gegründet. Der Arbeitsschwerpunkt ist die praxisnahe empirische Sozialforschung auf den Gebieten der Stadt-, Verkehrs- und Sozialplanung und der Wohnungswirtschaft.

In der FIFAS-Schriftenreihe sind bisher erschienen:

1986 FIFAS-Schriftenreihe Bd. 1: Die Umweltschutzkarte in Freiburg. Centaurus Pfaffenweiler.

1993 Baldo Blinkert: Aktionsräume von Kindern in der Stadt. Eine Untersuchung im Auftrag der Stadt Freiburg. FIFAS-Schriftenreihe Bd. 2. Centaurus Pfaffenweiler.

1996 Matthias Nübling: Sozio-kulturelle Angebote der offenen Altenhilfe in Backnang: Bestandsaufnahme des Benutzerverhaltens und Prognose. FIFAS-Schriftenreihe Bd. 3. Centaurus Pfaffenweiler.

1995 Baldo Blinkert / Peter Höfflin: Jugend-Freizeit und offenen Jugendarbeit. Eine empirische Untersuchung zur Unterstützung der Jugendhilfeplanung in Pforzheim. FIFAS-Schriftenreihe Bd. 4. Centaurus Pfaffenweiler.

Freiburger Institut für angewandte
Sozialwissenschaft e.V.
Wannerstr. 33

79106 Freiburg

Tel.: 0761 / 28 83 64
Fax: 0761 / 203-3493
Internet: http://www.uni-freiburg.de/soziologie/leute/blinkert/fifas.html

Zeitfracht Medien GmbH
Ferdinand-Jühlke-Straße 7
99095 Erfurt, Deutschland
produktsicherheit@kolibri360.de